新媒体·新传播·新运营 系列丛书

直播电商策划与运营

| 慕课版 |

康丽丽　原慧◎主编

李娜　赵士权◎副主编

New Media

人民邮电出版社

北　京

图书在版编目（CIP）数据

直播电商策划与运营：慕课版 / 康丽丽，原慧主编.
北京：人民邮电出版社，2024. 8. --（新媒体·新传
播·新运营系列丛书）. -- ISBN 978-7-115-64694-1

Ⅰ. F713.365.2

中国国家版本馆 CIP 数据核字第 20248HA749 号

内 容 提 要

本书以直播电商运营类岗位职业能力要求为基础，同步融合"1+X"网络直播运营职业技能等级
证书（中级）的要求，以及全国职业院校技能大赛高职组电子商务技能赛项"直播营销模块"的要求
开展内容体系设计与内容编写。

在内容组织上，本书涵盖有关直播电商策划与运营的 7 个项目，分别为"直播电商初体验：认识
直播电商""修炼秘籍当主播：主播人设打造与能力塑造""货比三家圈粉多：直播选品与产品策划"
"造势引流埋伏笔：预热宣传与开播筹备""节奏氛围总指挥：直播控场与观众互动""推引获客成本低：
直播引流与推广""判断决策复盘助：直播数据分析"，实现典型企业任务场景全面覆盖。

在编写体例上，本书采用活页式教材编写的方式，采用项目任务式体例，同时引入具有企业特色
的案例，形成了"学习目标→学习导引→案例导入→任务知识→任务实施→职业视窗→职业技能训练
→学习成果评价"的基于工作过程的闭环式教学情境。

本书可作为职业本科院校、高职院校、中职院校电子商务、网络营销与直播电商、直播电商服务
等相关专业的学生用书，也可供直播电商运营、直播营销、新媒体营销、网络推广等相关行业的从业
人员提升技能使用。

◆ 主　编　康丽丽　原　慧
　 副主编　李　娜　赵士权
　 责任编辑　侯潇雨
　 责任印制　王　郁　彭志环
◆ 人民邮电出版社出版发行　　北京市丰台区成寿寺路 11 号
　 邮编　100164　电子邮件　315@ptpress.com.cn
　 网址　https://www.ptpress.com.cn
　 北京联兴盛业印刷股份有限公司印刷
◆ 开本：787×1092　1/16
　 印张：11.25　　　　　　　　　　　2024 年 8 月第 1 版
　 字数：262 千字　　　　　　　　　 2025 年 1 月北京第 2 次印刷

定价：59.80 元
读者服务热线：(010)81055256　印装质量热线：(010)81055316
反盗版热线：(010)81055315
广告经营许可证：京东市监广登字 20170147 号

前　言

近年来，受数字技术的影响，直播电商与实体经济不断加速融合，直播电商用户规模和行业规模都在持续扩大。中国互联网络信息中心发布的第53次《中国互联网络发展状况统计报告》显示，截至2023年12月，我国网络直播用户规模达8.16亿人，占网民整体的74.7%；其中，电商直播用户规模为5.97亿人，占网民整体的54.7%。艾瑞咨询《2023年中国直播电商行业研究报告》显示，截至2023年6月，直播电商用户规模达到5.3亿人，占网络购物用户的59.5%，说明直播电商已成为网络购物用户购买商品的重要途径之一。根据艾瑞咨询的测算，2023年中国直播电商市场规模达4.9万亿元，同比增速为35.2%，预计2024—2026年中国直播电商市场规模的年复合增长率为18.0%，行业未来将呈现平稳增长趋势并步入精细化发展阶段。此外，网络直播还成为宣传特色区域文化、拉动地方经济的有力工具，"直播+"的形式正在影响和改变着很多行业。

直播电商行业持续发展，产生了巨大的人才需求，直播电商行业也成为大量青年就业、创业的选择。2023年《短视频直播机构新青年群体就业调查报告》显示，短视频和直播电商领域从业人员缺口从2021年的181万人增加到2023年的574万人，增速达217.1%。反观职业教育领域，目前直播电商人才的系统性培养还存在人才培养目标不明确、专业课程体系不完善、实训实践类课程短缺、专业师资队伍综合素质需要提升等问题，这些问题都困扰着职业院校直播电商人才的培养。

本书是一本面向职业院校直播电商相关课程的专业教材。本书在编写方面具有以下特点。

1. 注重标准引领。 本书注重职业教育标准化，以标准引领整个教材的规划与开发工作，在对直播电商运营岗位（群）职业能力分析的基础上，融合了教育部电子商务专业、网络营销与直播电商专业简介的相关要求，同步融合了"1+X"网络直播运营职业技能等级标准（中级），以及全国职业院校技能大赛高职组电子商务技能赛项"直播营销模块"的要求，在标准框架内开展系统化教材内容体系构建。

2. 产教融合特色鲜明。 本书从开发理念确定、企业人才标准融入、岗位任务融入、企业案例融入、工作流程与工作方法融入、人才考评标准融入、校企协同编写等多个方面均能体现产教深度融合、校企一体化开发的特点，具有鲜明的职业教育特点。

3. 采用活页式教材编写方式。 本书以学生为中心，构建项目任务式体例的教材，设计新颖的教材体例和基于工作过程的教学情境，同时引入具有企业特色的相关案例，打造内容丰富且符合教学实际需求的活页式教材。

本书由山西金融职业学院的康丽丽、原慧任主编，中国广告协会网络直播学院院长李娜、山西乐村淘网络科技有限公司创始人赵士权任副主编，山西金融职业学院的夏谦、冯彩云、杨蕊参编。本书的编写还得到了西安东惠信息科技有限公司、陕西恒捷睿达信息技术服务有限公司等多家公司的企业专家、直播电商运营人员的大力支持与帮助，在此对各位的辛勤工作表示衷心感谢！

　　尽管我们在编写过程中力求准确、完善，但书中可能还存在疏漏与不足之处，恳请广大读者批评指正，在此深表谢意！

编者

2024年7月

CONTENTS

目 录

项目1
直播电商初体验：认识直播电商

学习目标

知识目标

1. 了解直播电商的内涵及优势。
2. 熟悉直播电商的分类及发展历程。
3. 认识常见的直播平台及类型。
4. 了解直播电商岗位职责及要求。
5. 熟悉直播电商岗位职业道德及素养。

能力目标

1. 能够根据直播平台的特点，对直播平台进行分类。
2. 能够根据直播电商岗位职责及要求，完成直播电商岗位求职简历的设计。

素养目标

1. 具备规则意识，在使用直播平台时，严格遵守各大直播平台运行规则。
2. 具备良好的职业道德，爱岗敬业，诚实守信，遵纪守法，努力成为一名优秀的直播电商人才。

学习导引

项目1 直播电商初体验：认识直播电商	任务1.1 认识直播电商	直播电商概述
		直播电商的分类
		直播电商的发展历程
	任务1.2 认识直播平台	直播平台介绍
		直播平台的类型
	任务1.3 认识直播电商岗位	直播电商岗位职责及要求
		直播电商岗位职业道德及素养

任务1.1　认识直播电商

👤 案例导入

　　刘琦是某高职院校电子商务专业的学生，毕业后，他有幸加入一家位于山西的农产品公司，协同进行直播运营。为了让刘琦更好地了解直播电商，直播运营部门的李经理决定组织一场关于直播电商认知的培训，以助力他对直播电商形成深入的认识。

　　李经理简要介绍了直播电商产生的背景和原因。他解释道，随着互联网和移动互联网的飞速发展，消费者的购物习惯发生了变化，他们更喜欢通过直播了解和购买产品。这为直播电商的兴起提供了契机。随后，李经理详细介绍了直播电商的内涵和特点。他解释说，直播电商是一种通过实时直播进行销售和推广的电子商务形式。它融合了社交媒体和电商的特点，通过直播，消费者可以直观地看到产品的真实效果，与主播进行互动交流，进行提问并购买产品。接下来，李经理向刘琦介绍了直播电商的优势。他强调，相对于传统电商，直播电商具有实时互动、直观真实、覆盖面广等优势。他分享了一些成功的直播电商案例，如一位农产品主播通过直播向全国观众展示当地的特色农产品，吸引了大量购买者，提高了产品的销售额，并提升了品牌影响力。最后，李经理向刘琦介绍了直播电商的发展趋势。他指出，未来直播电商将朝着更加智能化、多元化的方向发展。

　　刘琦感激地说："我真的很荣幸能够参加这次培训。通过学习直播电商产生的背景和原因，了解其内涵、特点及发展趋势，我对自己的工作有了更深入的认识。"

【案例思考】

通过阅读案例，思考并回答以下问题：

（1）直播电商产生的背景和原因是什么？

（2）与传统电商相比，直播电商有哪些优势？

✍ 任务知识

一、直播电商概述

　　直播电商是一种利用互联网和其他信息网络，通过直播技术来销售和推广产品的电子商务活动。它由主播主导，观众参与，并得到直播团队其他成员的配合。主播通过直播平台展示、介绍产品，并解答观众的购物问题，以促进产品销售。观众可以在直播过程中提问、评论和购买产品，并与主播进行实时互动。直播团队其他成员则提供不同程度的支持，以确保直播顺利进行。

　　随着互联网信息技术的发展，直播电商现已成为企业推广宣传的一种新渠道，为企业带来了更多的销售机会和增长潜力。与传统销售方式相比，直播电商具有以下几个方面的优势。

（一）实时互动

　　直播电商可以通过直播平台实现实时互动，观众能够通过弹幕、评论等方式与主播进行互动交流，如提出问题、寻求建议、表达意见等，主播可以即时回答并提供个性化的服务。这种实时互动增强了观众的参与感和信任感，有助于建立良好的购买关系。

（二）直观真实

　　直播电商可以通过实时直播展示产品，观众能够直观地了解产品的外观、功能和特点。同时，主播可以通过现场演示、产品试用等方式，让观众直接看到产品的真实效果，对产品产生更深入的了解，进而提高购买转化率。

（三）覆盖面广

在直播电商中，观众可以随时随地通过网络平台观看直播，无论身处何地都能参与购买。这种无地域限制的特点，使得直播电商的覆盖面更广，能够吸引更多的潜在用户，从而为企业带来更广阔的市场机会。

（四）促销多样化

直播电商可以通过直播平台提供多种促销手段，如给予一定的折扣、下单即送赠品等。主播在直播过程中通过促销活动推广产品，可以营造购买的紧迫感和兴奋感。这种多样化的促销手段有助于吸引观众的注意力，增加其购买决策力。

二、直播电商的分类

直播电商可以根据直播形态和直播产品来源进行分类，如图1-1所示。

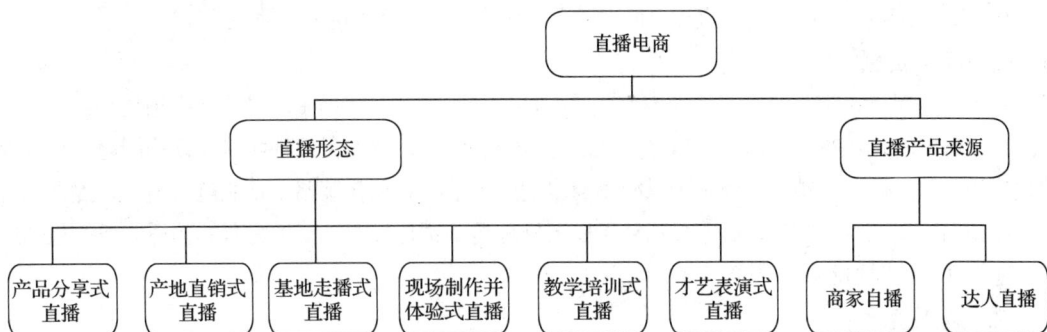

图1-1 直播电商的分类

（一）依据直播形态进行划分

依据直播形态的不同，直播电商可以分为产品分享式直播、产地直销式直播、基地走播式直播、现场制作并体验式直播、教学培训式直播和才艺表演式直播。

1．产品分享式直播

产品分享式直播是指主播通过直播实时分享产品的信息、优势和使用体验，引导观众产生购买意愿，并进行线上购物。在产品分享式直播中，主播通常是产品的推广者或品牌代言人，他们会在直播中详细介绍产品的特点、功能、适用场景等，展示产品的外观、效果，并分享自己对产品的使用体验和感受。

2．产地直销式直播

产地直销式直播强调产品的产地信息和直接供应链的特点。在这种直播模式中，主播通常是产品的生产者或供应商，他们直接在产地对产品进行展示和销售，消除了中间环节，实现了直接面对消费者进行销售。主播会在直播中详细介绍产品的产地、生产过程、质量保证等信息，展示产品的原始状态和真实属性。

3．基地走播式直播

基地走播式直播是指主播到直播基地进行直播。很多直播基地是由专业的直播机构建立的，能够为主播提供直播间、产品等。直播基地通常用于直播机构旗下的主播开展直播，或租给外界主播、商家进行直播。

4. 现场制作并体验式直播

现场制作并体验式直播是指主播在直播间现场对产品进行加工、制作，向观众展示产品经过加工后的真实状态。尤其是对于一些可加工的食品来说，主播可以在直播时展示烹饪食品的过程，然后进行试吃。

5. 教学培训式直播

教学培训式直播是指主播以授课的方式在直播中分享一些有价值的知识或技巧，如提升英语口语能力的技巧、化妆技巧、甜点制作技巧、运动健身技巧等，并在分享知识或技巧的过程中推广一些产品。

6. 才艺表演式直播

才艺表演式直播是指主播直播表演舞蹈、唱歌、魔术等才艺，并在表演才艺的过程中使用某种产品，从而达到推广产品的目的。才艺表演式直播适用于推广表演才艺时会用到的工具类产品，如表演才艺穿着的服装或使用的乐器等。

（二）依据直播产品来源进行划分

依据直播产品来源的不同，直播电商主要可以分为商家自播和达人直播。

1. 商家自播

商家自播是指由商家自身或企业内部雇员担任主播，直接在直播平台进行产品销售和推广的模式。商家自播的优势在于，商家对自己产品的了解更加深入，能够更好地解答观众的问题，与观众建立信任，并推动产品销售。商家可以根据自身的品牌形象和销售策略来定制直播内容，提升品牌认知度和用户忠诚度。此外，商家自播还可以更好地控制销售环节，提供完善的售后服务，包括库存管理、订单处理和退换货服务等。

2. 达人直播

达人直播是指由具有一定影响力和粉丝基础的个人或社交媒体红人担任主播，对合作品牌的产品进行销售和推广的模式。达人直播的优势在于，达人通常具有较高的影响力和粉丝忠诚度，能够吸引大量观众关注和参与直播。通过与达人合作，企业可以借助达人的人气和影响力，快速扩大品牌知名度和市场覆盖率。此外，达人通常具有一定的直播经验和销售技巧，能够更好地与观众互动，提高购买转化率。

三、直播电商的发展历程

直播电商的发展主要经历了五个阶段，如图1-2所示。

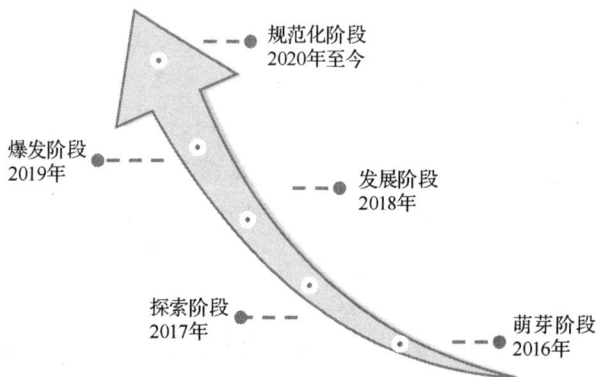

图1-2 直播电商的发展历程

（一）萌芽阶段

2016 年是直播电商萌芽阶段，以蘑菇街、淘宝为代表的首批直播电商平台建立，标志着直播电商行业生态开始建立。自此，直播电商产业链逐渐搭建，开启了"直播＋内容＋电商"的模式，旨在增强用户黏性。

（二）探索阶段

2017 年，直播电商行业在探索中发展，苏宁易购上线直播功能，快手开启电商直播，抖音上线，多渠道网络服务（Multi-Channel Network，MCN）入场。这一时期，产业链更加完善，主播类型逐渐多元化，带货种类更加丰富多样。

（三）发展阶段

2018 年是直播电商的发展阶段。短视频及社交内容平台出现，平台内部搭建电商小店，越来越多的商家进行店铺自播，各大平台推出直播电商发展战略，推动直播电商的发展。

（四）爆发阶段

2019 年，政策改革、平台加码、头部主播凸显，几乎所有电商平台都加入了直播的形式，这使直播电商爆发式增长，进入迅猛发展阶段。

（五）规范化阶段

目前，我国直播电商用户数量大，主播可以凭借一部手机进行直播销售。入行门槛低，也意味着行业问题多、监管难度大。自 2020 年以来，针对直播电商行业的规范化政策法规层出不穷。《网络交易监督管理办法》明确提出，直播平台要对用户及消费者提出的直播电商问题进行积极且及时的处理与回复，对直播购物起到监督和规范作用，明晰了平台和主播的责任，保障消费者合法权益，净化直播电商行业环境。

任务实施：直播电商认知

任务背景

林晴是一名电子商务专业的学生，毕业前，她加入了某企业的直播运营部门，开始实习。为了让林晴全面了解直播电商，深刻认识直播电商的分类，部门经理安排林晴先对直播电商基础知识进行学习，以便于开展后续的直播工作。请你协助林晴完成此次直播电商认知工作。

任务操作

直播电商认知，可参照如下步骤进行。

步骤1：认识直播电商

请结合前文学习的内容，或通过互联网搜索、书刊查阅等方式，搜集相关资料，并根据自己对直播电商的理解，对直播电商的内涵及优势进行概括阐述。

_____

_____

_____

步骤2：辨别直播电商的类型

请结合所学知识，根据表 1-1 提示内容，辨别直播电商的类型，并填写到表 1-1 中。

表1-1 直播电商类型辨别

提示内容	直播电商类型
主播在直播间进行中国舞展示	
主播在直播间制作蛋糕并试吃	
主播在直播间进行厨艺教学	
主播在直播间讲解化妆品功效及其使用方法	
主播在苹果园讲解苹果的口感	

步骤3：梳理直播电商发展历程

请结合所学知识，或通过互联网搜索、书刊查阅等方式，搜集相关资料，对直播电商的发展历程进行梳理，以流程图的形式将其呈现出来。

任务拓展

李真是一名电子商务专业的学生，在一家农产品电商企业的直播运营部门实习。作为实习生，部门经理要求李真在业余时间学习直播电商相关的知识，了解直播电商的内涵及特点，熟悉直播电商的类型，便于后期顺利开展直播工作。

请同学们根据本任务所学内容，帮助李真完成对直播电商的认知。

在抖音、淘宝或快手任一直播平台搜索产品分享式直播、产地直销式直播、基地走播式直播、现场制作并体验式直播、教学培训式直播、才艺表演式直播的片段，截图并在表1-2中进行描述，然后分别总结每种类型直播的特点和优势。

表1-2 直播类型、特点和优势分析

直播类型	直播片段描述	特点	优势
产品分享式直播			
产地直销式直播			

直播类型	直播片段描述	特点	优势
基地走播式直播			
现场制作并体验式直播			
教学培训式直播			
才艺表演式直播			

任务1.2　认识直播平台

👤案例导入

　　贾钰对直播电商行业着迷已久，毕业后，他希望能够借助直播电商平台，为农产品推广开拓市场。然而，他对当前直播电商平台的了解非常有限，于是决定自己深入学习、了解这个领域。

　　贾钰首先上网查询了各大直播电商平台及其功能和特点。他了解到，当前市场上有诸如淘宝直播、京东直播、多多直播等知名的直播电商平台。他通过观察和比较发现，淘宝直播注重商家和店铺的品牌化推广，提供多种形式的直播工具和技术支持；京东直播更注重产品本身的品质和服务，提供专业的直播导购；多多直播则以低价特卖、团购形式吸引用户。

　　贾钰觉得淘宝直播的品牌化推广和多样化的直播工具能够帮助他更好地展示和推广农产品。于是，贾钰开始学习淘宝直播平台的相关操作和技巧。他报名参加了一些淘宝直播培训课程，学习如何利用直播工具和技术吸引观众、提高购买转化率。他还主动与一些在淘宝平台上已经有成功经验的农产品商家进行交流，寻求他们的指导和建议。

随着时间的推移，贾钰逐渐掌握了淘宝直播平台的操作技巧，并开始尝试自己进行直播推广。他利用直播平台展示农产品的特点和优势，通过个人魅力吸引观众，并成功促使他们购买。贾钰的努力没有白费，他的直播越来越受欢迎，他也逐渐成为农产品领域的知名主播。

【案例思考】

通过阅读案例，思考并回答以下问题：

（1）常见的直播电商平台有哪些？

（2）淘宝直播、京东直播、多多直播的特点分别是什么？

任务知识

一、直播平台介绍

对直播商家来说，了解不同直播平台的特点，可以更好地选择适合自己的平台，提高直播营销效果和用户互动表现。常见的直播平台主要有抖音直播、快手直播、淘宝直播、京东直播、多多直播、微博直播、微信直播等，其各自的优势如表 1-3 所示。

表 1-3　常见直播平台的优势

直播平台	优势
抖音直播	①用户基础庞大。利用抖音短视频带货，可以实现病毒式传播。抖音在直播营销行业占据着头部平台的位置。 ②购物模式方便快捷。抖音直播平台的购物模式是基于平台自带的"商品橱窗"功能实现的，开通"商品橱窗"功能后，用户可以直接在橱窗下单。 ③推荐算法更精准。抖音直播平台拥有精准的推荐算法，平台会根据用户的喜好、标签等主动推荐直播内容
快手直播	①直播内容多样。快手与抖音一样，最开始是一款短视频应用，内容包罗万象，但更多的是素人原创内容，如唱歌、跳舞、解说等。 ②购物方便快捷。快手直播要实现产品交易，需要先开通快手小店，并在快手小店上架产品。主播直播时，将产品分享到购物车中，用户观看直播的同时就可以实现购买。 ③平台算法去中心化。快手平台独有的特点是去中心化的普惠算法，其本质是智能分发，叠加推荐及热度加权，任何主播都有获取平台流量的机会
淘宝直播	①庞大的用户群体。淘宝直播平台作为阿里巴巴集团的一部分，可以借助淘宝和天猫等电商平台的用户基础。 ②个性化推荐。淘宝直播平台可以利用用户的购物历史和行为数据，为其提供个性化的产品推荐。 ③产品品类多，供应链完善。依托淘宝强大的产品供应能力、用户数据分析能力、支付保障和售后保障体系，淘宝直播可以提供完整的用户运营链路及更有保障的物流服务

直播平台	优势
京东直播	①注重品质和内容。在京东直播平台上展示的产品都经过严格的筛选和审核，保证了产品的品质和信息的真实性。 ②提供特色功能。如采购直播、全球好物直播、京东买药、原产地直播等，为商家和用户提供了更多选择。 ③具备强大的技术和平台支持。京东是具有先进技术和强大资源的电商巨头，可以为商家提供稳定、安全、流畅的直播平台环境
多多直播	①注重低价特卖。用户可以参与拼团，享受更低折扣的价格。这种低价特卖和团购形式能够吸引大量用户。 ②注重用户互动和社交分享。多多直播平台提供了丰富的互动功能，观众可以在直播中进行评论、点赞、分享等操作，也可以与主播和其他观众进行互动。这种互动和社交分享的机制让观众参与感更强，可以增加其黏性和购买意愿。同时，观众的分享行为也可以扩大产品的曝光范围，提高购买转化率
微博直播	①拥有庞大的用户基数。微博是国内最大的社交媒体平台之一，拥有亿万活跃用户。主播可以接触到大量的潜在观众，扩大自己的影响力和曝光度。 ②注重社交互动和用户参与。在微博直播平台，观众可以通过评论、点赞、转发等方式与主播进行实时互动，增加其参与感和黏性。 ③具有强大的内容传播效应。微博作为一个公共平台，信息的传播速度非常快。当主播在微博直播平台进行直播时，观众可以通过转发、评论等方式将直播内容推荐给更多的人
微信直播	①用户基数庞大。微信是国内最大的社交媒体平台之一，拥有数亿用户。在微信直播平台直播，可以快速获取大量观众，增加直播的曝光度和影响力。 ②支付系统方便快捷。微信直播平台与微信支付紧密结合，观众可以便捷地进行打赏、购买产品或服务，提升直播平台的商业化能力。 ③便于分享。微信直播平台与微信社交圈紧密连接，观众可以方便地通过分享功能将直播内容推荐给朋友，扩大直播的观众群体。 ④安全可靠。微信直播平台采用了严格的实名认证机制和内容审核机制，确保直播内容合法合规，为观众提供了安全可信的观看环境

二、直播平台的类型

（一）社交媒体类直播平台

社交媒体类直播平台是指用户进行实时视频直播、互动和社交的在线直播平台。这些平台允许用户创建自己的直播或加入其他用户的直播，观众可以在直播过程中通过聊天、点赞、送礼物等方式与主播互动、交流。常见的社交媒体类直播平台有微博直播、微信直播等。

（二）短视频类直播平台

短视频类直播平台是一种结合了短视频和直播功能的在线平台。在短视频直播平台上，用户可以通过手机进行实时视频直播，并通过短视频传播直播精彩片段或预热内容。相比传统直播，这种形式更加简洁精练，适合快速分享直播内容。常见的短视频类直播平台主要有抖音直播、快手直播等。

（三）电商类直播平台

电商类直播平台是一种结合了电子商务和实时视频直播功能的在线平台。这种平台允许商家通过直播形式展示、销售产品，同时观众可以在直播过程中购买产品，并与商家进行互动和交流。电商类直播平台通常提供了一系列的功能，例如产品展示、购买链接、支付功能、在线客服等，使得用户可以在观看直播的同时方便地购买心仪的产品。常见的电商类直播平台有淘宝直播、京东直播、多多直播等。

任务实施：直播平台认知

任务背景

林晴是一名电子商务专业的学生，在一家电商企业的直播运营部门实习。部门经理要求林晴在业余时间了解当前常见的直播平台及其优势，便于后期选择合适的直播平台开展直播工作。

任务操作

直播平台认知，可参照如下步骤进行。

步骤1：认识直播平台的优势

请结合所学内容，下载并打开常见的直播平台，分析、总结每个直播平台的优势，并完成表1-4。

表1-4　常见的直播平台及其优势

直播平台	优势
淘宝直播	
京东直播	
多多直播	
抖音直播	
快手直播	
微信直播	
微博直播	

步骤2：辨别直播平台的类型

请结合所学内容，辨别下列直播平台的类型，并完成表1-5。

表1-5　直播平台类型辨别

直播平台	类型
淘宝直播	
京东直播	
多多直播	
抖音直播	
快手直播	
微信直播	
微博直播	

任务拓展

　　小王是一名电子商务专业的学生，在一家农产品电商企业的直播运营部门实习。部门经理要求小王了解抖音直播平台的特点及优势，便于后期利用抖音直播平台顺利开展直播工作。

　　请同学们根据本任务所学内容，帮助小王认识抖音直播平台。

　　1. 下载并安装抖音App。

　　2. 打开抖音App，熟悉抖音App的具体功能。

任务1.3　认识直播电商岗位

👤 案例导入

　　毕业前夕，林海在电子商务专业老师的鼓励下，决定投身于直播电商行业。然而，林海对直播电商岗位的了解并不多。于是，他决定上网查询相关知识，了解直播电商岗位的种类、职责及要求。

　　林海花几天时间仔细研究了直播电商岗位，发现在直播电商行业有许多不同的岗位，包括但不限于主播、直播招商、直播运营和客服等。他对这些岗位逐一进行了了解，明确了自己最感兴趣的岗位是什么。

　　了解了岗位的分类后，林海继续深入研究每个岗位的职责和要求。他发现，主播需要具备良好的表达能力和销售技巧，要能够吸引观众并促使他们购买产品。直播招商需要有较强的市场分析能力、沟通合作能力和管理能力。直播运营需要熟悉社交媒体和电商平台的操作，能够制定合适的推广方案。客服则需要具备良好的沟通能力和解决问题的能力，为消费者提供满意的售后服务。

　　通过这番了解，林海发现自己最适合做主播。他一直以来就擅长和人沟通，善于表达并引导他人。而且，他对农产品有一定的了解和热爱，相信自己可以通过直播将优质的农产品推广给更多人。有了明确的目标后，林海开始为自己的职业发展做准备。

【案例思考】

通过阅读案例，思考并回答以下问题：

（1）直播电商岗位有哪些？

（2）主播岗位的主要职责有哪些？

任务知识

一、直播电商岗位职责及要求

直播电商岗位主要分为运营策划类岗位、直播执行类岗位和技术服务类岗位三大类型。

（一）运营策划类岗位

运营策划类岗位主要包括直播运营、直播招商、直播编导等，其岗位职责及要求如表 1-6 所示。

表 1-6　运营策划类岗位职责及要求

岗位名称	岗位职责	岗位要求
直播运营	①负责直播平台业务线的经营策略制定及实施，提高产品在直播平台的销量；②及时获取平台政策动态，并能够针对平台的政策、要求做出业务调整和规划；③根据品牌和产品目标受众画像，寻找匹配的达人/主播，输出产品规划，提高投资回报率；④定期分析运营结果，及时复盘，发掘隐藏的内在问题并提出有效的解决方案	①熟悉各大直播平台的规则，能针对不同类型的产品制定不同的运营策略；②对行业动态和市场运作有较为深刻的了解；③对数据敏感度高，能够独立进行数据分析，发现项目问题和特点，并优化运营规划，找到改进方向
直播招商	①负责与商家沟通、洽谈，对接选品与运营工作，对选品质量、价格、优惠力度进行把控，维护客户关系；②挖掘优质的供应链及品牌商家，为公司主播做好产品整合和商家对接工作；③研究直播市场需求和市场变化趋势，了解、搜集各行同行及竞品的动态信息，制定市场策略	①有较强的市场眼光，善于挖掘行业爆款；②有较强的商业敏锐度、谈判能力、管理能力和沟通合作能力；③熟悉直播平台供应链管理，对商家、品牌、产品管理有独到的见解
直播编导	①负责直播内容策划、导演和制作，并结合营销需求挖掘选题，收集、整理资料，完成脚本撰写、文案撰写等工作；②统筹、执行拍摄活动，监控直播全过程，协调现场的调度与控制，保证直播质量	①具备良好的镜头语言功底，对摄影技巧和手法足够了解；②有创新思维，对新鲜、热门话题敏感，能抓住重点并发挥创意；③专业能力较强，具备良好的策划能力和文案功底

（二）直播执行类岗位

直播执行类岗位主要包括主播、助播、场控等，其岗位职责及要求如表 1-7 所示。

表1-7 直播执行类岗位职责及要求

岗位名称	岗位职责	岗位要求
主播	①负责公司产品直播带货，向观众推荐、讲解产品并引导下单，促成交易； ②在直播间积极回答观众问题，调动直播间气氛，做好直播间观众线上沟通、互动及维护工作； ③协同直播运营积极复盘，总结直播中的问题，优化直播内容，提升直播技巧； ④根据公司要求的每月直播场次和时长来完成直播任务，并积极配合短视频拍摄相关工作	①形象气质佳，普通话标准，口齿伶俐，吐字清晰，语言组织能力较强； ②积极主动，有亲和力，对直播工作有态度、有热情，善于调动气氛，临场发挥应变能力强； ③具备较强的直播销售技巧，销售话术比较成熟，对消费者痛点把握准确，能够快速了解产品的卖点
助播	①配合主播介绍产品、促单，活跃直播间气氛，及时帮助主播回答未顾及的观众问题； ②协助主播进行样品展示，引导观众下单、互动、点赞、关注、分享等； ③协助控制直播节奏，能够留意直播中的状况和问题，并在直播后的复盘中提出	①具备优秀的沟通表达能力，逻辑清晰，反应快，有良好的销售服务意识； ②主动热情、性格开朗，有高度的敬业精神和责任感，熟悉线上销售模式及直播间规则
场控	①负责产品链接上下架、红包发放、优惠券发放、活动报名等后台操作； ②配合做好直播计划，负责直播过程中的产品和活动推送、直播节奏把控等内容； ③对主播的直播内容进行规范、引导、优化，能配合主播解决直播间突发问题	①熟悉直播平台的后台，熟悉直播前中后期工作，熟悉平台的直播规则及直播条例； ②思维敏捷，具有较强的团队意识和协作能力，临场应变能力强

（三）技术服务类岗位

技术服务类岗位主要包括数据分析师、直播技术支持、客服等，其岗位职责及要求如表1-8所示。

表1-8 技术服务类岗位职责及要求

岗位名称	岗位职责	岗位要求
数据分析师	①深入理解公司直播业务，优化数据指标体系； ②支持部门日常数据需求，包括但不限于数据提取、看板构建、报表开发等，提高团队效率； ③对直播业务的投放数据、运营数据、变现数据等进行数据挖掘与分析，提高整体转化率	①精通SQL等数据分析工具，能熟练使用可视化工具，完成复杂数据环境下的数据提取、分析； ②具有较强的逻辑思维和分析能力，能快速理解业务、量化问题，并给出具体可行的解决方案

续表

岗位名称	岗位职责	岗位要求
直播技术支持	①负责直播技术支持，对直播环境、直播信号、网络质量等进行调试； ②熟练使用直播设备，定期盘点、维护，并对直播设备的软硬件进行安装升级，同时对直播设备的使用问题进行答疑、处理； ③监控直播设备的状态，对直播时的突发状况组织应急处理，确保直播顺利进行	①熟悉直播相关技术原理及工作流程，精通各类直播平台的系统操作和直播软件； ②能独立完成直播时的技术拉流工作，具备网络故障诊断和排除能力
客服	①负责产品使用咨询、在线指导、销售，解决客户问题，促成交易达成并提高订单转化率； ②负责处理已达成交易的客户订单查询、订单核实、售后跟踪等服务工作； ③总结客户反馈的问题，及时上报产品、渠道等异常情况，确保异常问题及时得到处理和解决	①熟练使用办公软件，具备良好的沟通能力和服务意识，能够独立处理客户问题； ②做事条理清晰，沟通能力强，积极主动，抗压能力强，有较好的情绪调节能力

二、直播电商岗位职业道德及素养

随着直播电商的快速发展，直播岗位成为越来越多人关注的焦点。作为一名直播电商从业者，遵守职业道德和提升职业素养至关重要。

（一）直播电商岗位职业道德

职业道德是指从事某个职业过程中所应遵守的道德规范和行为准则。对直播电商岗位来说，遵守职业道德十分重要。表 1-9 所示为直播电商岗位需遵守的职业道德。

表 1-9　直播电商岗位需遵守的职业道德

职业道德	内容
遵纪守法	遵守直播电商相关法律法规，不进行违法或违规活动，包括不售卖假冒伪劣产品、不进行不正当竞争等
诚实守信	直播电商从业者需要与消费者进行沟通和销售产品，诚实守信是让消费者建立信任的基础。要真实、准确地描述产品信息，不虚假宣传或误导消费者
爱岗敬业	对工作充满热情，保持专注，尽力做好自己的工作，并为公司和消费者创造价值
办事公道	要公平公正地对待所有消费者，不偏袒任何一方；不利用职务之便谋取私利，不接受或提供任何形式的贿赂
奉献社会	要积极参与社会公益活动，回馈社会，例如可以参与慈善捐赠、环保活动等，履行社会责任
合规运营	要合规运营、合法经营，遵守直播平台的规则，不进行违规操作

（二）直播电商岗位职业素养

职业素养是指在工作中所需具备的专业素养和道德品质。职业素养的作用在于提升个人的工作效能和专业能力，使直播电商从业者能够更好地适应市场需求、实现销售目标、建立良好的企业形象，同时也能促进直播电商行业的健康发展。表1-10所示为直播电商岗位需具备的职业素养。

表1-10　直播电商岗位需具备的职业素养

职业素养	具体素养	内容
商业素养	市场意识	了解直播市场需求和竞争情况，对直播市场趋势和变化保持敏感，并能够把握直播市场机会，为直播销售提供有效的策略和方向引导
	风险意识	认识到直播运营中存在的风险，并具备辨别和评估风险的能力；能够合理地制定风险管理措施，降低和防范潜在风险
	规则意识	遵守直播行业规范和公司规章制度，遵守国家法律法规，不做违法违规行为；具备对商业行为的清晰认识和合规操作能力
	服务意识	以客户满意度为核心，注重提供优质的直播产品和服务；关注客户需求，主动解决问题，建立良好的客户关系
新媒体素养	媒介意识	能够了解不同的新媒体平台和工具，掌握其特点和使用方法；能够根据不同的平台特点选择合适的方式进行直播推广和营销
	视觉化能力	能够通过图像、视频等视觉元素吸引观众的注意力，增强产品的吸引力和消费者的购买欲
	信息组织能力	能够有效地整理、组织信息，清晰地呈现直播产品的特点和优势，通过清晰、简洁、易懂的信息传递，帮助消费者快速了解产品并做出决策
	创新意识	能够不断寻找、尝试新的直播营销方式；能够与时俱进，跟踪行业的发展趋势，灵活应对市场的变化
综合素养	团队合作意识	能够与团队成员协作，共同实现销售目标；能够与团队成员有效地分工合作，相互支持和协助，共同解决问题
	沟通交流能力	能够清晰地表达自己的意思，有效地与团队成员和消费者进行沟通和交流；能够倾听和理解对方的需求和意见，并做出适当的回应，提供解决方案
	复盘能力	能够及时总结、反思工作中的不足和问题，找到改进的方向和方法；能够通过不断地复盘和反思，提升个人和团队的工作效能和表现
	抗压能力	能够保持积极的心态，有效应对工作中的挑战和压力，保障工作质量和效率

📚 任务实施：直播电商岗位认知

任务背景

小李是山西人，深知家乡有很多优质农产品，所以，他毕业后想回到家乡，从事农产品直播相关的工作，将家乡的农产品宣传出去。但是他对直播电商岗位的了解甚少，因此，他需要在网上搜集直播电商岗位的信息，了解直播电商岗位的职责及要求，熟悉直播电商岗位的职业道德及素养，为成功进入农产品电商公司奠定扎实的理论基础。

任务操作

认识直播电商岗位，可参照如下步骤进行。

步骤1：认识直播电商岗位类型

请结合所学内容，或通过互联网搜索、书刊查阅等方式，搜集相关资料，并联系企业直播部门架构，对直播电商岗位进行分类，完成表1-11。

表1-11　直播电商岗位类型及具体岗位

岗位类型	具体岗位

步骤2：整理直播电商岗位职责及要求

请结合所学内容，在招聘网站搜索直播电商相关岗位，搜集相关资料，对各个岗位的岗位职责及要求进行整理、概括，完成表1-12。

表1-12　直播电商岗位职责及要求

岗位名称	岗位职责	岗位要求

步骤3：整理直播电商岗位职业道德及素养

请结合所学内容，搜集相关资料，对各个直播电商岗位的职业道德及素养进行整理、概括，完成表1-13。

表 1–13 直播电商岗位职业道德及素养

岗位名称	职业道德	职业素养

任务拓展

小王是电子商务专业的毕业生，在校期间，他在一家农产品电商公司的直播运营部门实习过，实习时的主要工作内容如下：

- 直播策划，包括直播排期及直播前的产品准备；
- 直播内容及优惠、福利策划，直播现场的布置及氛围的营造；
- 直播后台操作、设备调试等，按计划保质保量完成规定量的直播；
- 反馈与整理数据，日常直播数据总结及分析；
- 给予直播运营人员选款机制建议；
- 探索平台的直播形式，开辟各种平台的直播工作。

通过实习，小王掌握了直播带货、直播运营等相关知识，并能对直播数据进行分析，提出合理的优化建议。毕业后，他想从事直播运营工作，因此要设计一份出色的求职简历。请同学们根据本任务所学内容，帮助小王完成求职简历的设计。

打开智联招聘、前程无忧或 BOSS 直聘，搜索"直播运营"，将直播运营岗位的职责及要求填写在表 1-14 中。

表 1–14 直播运营岗位职责及要求

岗位职责	岗位要求

仔细阅读直播运营岗位职责及要求，根据小王的情况，完成图1-3所示的求职简历的设计。

姓名

年龄：　　　　　　性别：
电话：　　　　　　邮箱：

求职意向

意向岗位：　　　　　　　　意向城市：
期望薪资：　　　　　　　　求职类型：

教育经历

开始时间—结束时间　　　　学校名称　　　　专业|学历

工作经历

开始时间—结束时间　　　　　　　　公司名称
职位名称|行业　　　　　　　　　　　月薪

项目经历

开始时间—结束时间　　　　项目名称　　　　职位

自我评价

图1-3　求职简历

职业视窗

加大直播电商监管力度，促进直播电商行业健康发展

互联网直播表现形式好，内容丰富直观，交互性强，受众规模广泛。然而，随着直播行业的快速发展，也出现了一些问题，如直播内容低俗、恶意损害竞争对手信誉、炒作等。为了促进互联网直播行业健康有序发展，弘扬社会主义核心价值观，《互联网直播服务管理规定》对直播销售行为做出了明确要求。

第九条 互联网直播服务提供者以及互联网直播服务使用者不得利用互联网直播服务从事危害国家安全、破坏社会稳定、扰乱社会秩序、侵犯他人合法权益、传播淫秽色情等法律法规禁止的活动，不得利用互联网直播服务制作、复制、发布、传播法律法规禁止的信息内容。

第十条 互联网直播发布者发布新闻信息，应当真实准确、客观公正。转载新闻信息应当完整准确，不得歪曲新闻信息内容，并在显著位置注明来源，保证新闻信息来源可追溯。

第十一条 互联网直播服务提供者应当加强对评论、弹幕等直播互动环节的实时管理，配备相应管理人员。

互联网直播发布者在进行直播时，应当提供符合法律法规要求的直播内容，自觉维护直播活动秩序。

用户在参与直播互动时，应当遵守法律法规，文明互动，理性表达。

加大对直播电商行业的监管力度对于促进直播行业的健康发展至关重要。通过规范主播行为、保护用户权益、维护市场秩序、规范行业行为和防止不良内容传播，可以建立一个安全、可信赖的直播销售环境，提升用户的满意度和信任度。同时，政府、平台方和从业人员应共同努力，加强监管合作，推动直播行业朝着更加规范、健康的方向发展。

职业技能训练

一、单项选择题

1. 在直播电商中，观众可以随时随地通过网络平台观看直播，无论身处何地都能参与购买，这是指直播电商的（　　）特点。

    A. 直观真实   B. 实时互动   C. 覆盖面广   D. 促销多样化

2. （　　）年是直播电商萌芽阶段。

    A. 2016   B. 2017   C. 2020   D. 2021

3. （　　）是一种结合了电子商务和实时视频直播功能的在线平台。

    A. 社交媒体类直播平台   B. 短视频类直播平台

    C. 电商类直播平台   D. 游戏类直播平台

4. 下列选项中，不属于直播执行类岗位的是（　　）。

    A. 主播   B. 直播编导   C. 助播   D. 场控

5. 了解不同的新媒体平台和工具，掌握其特点和使用方法，并能够根据不同平台的特点选择合适的方式进行直播推广和营销，这属于直播电商岗位的（　　）。

    A. 市场素养   B. 商业素养   C. 综合素养   D. 新媒体素养

二、多项选择题

1. 与传统销售方式相比，直播电商具有的优势有（　　）。

    A. 实时互动   B. 直观真实   C. 覆盖面广   D. 促销多样化

2. 依据直播产品来源的不同，直播电商可以分为（　　）。

    A. 商家自播   B. 机构直播   C. 达人直播   D. 素人直播

3. 下列属于电商类直播平台的是（　　）。

    A. 微信直播   B. 淘宝直播   C. 京东直播   D. 多多直播

三、判断题

1. 抖音直播、快手直播属于短视频类直播平台。（　　）

2. 商家自播的优势在于，商家通常具有较高的影响力和粉丝忠诚度，能够吸引大量观众关注并参与直播。（　　）

3. 主播属于直播运营策划类岗位。（　　）

4. 场控的岗位要求是负责产品链接上下架、红包发放、优惠券发放、活动报名等后台操作。（　　）

5. 直播电商从业者需要与消费者进行沟通并销售产品，诚实守信是让消费者建立信任的基础。因此，直播电商从业者要真实、准确地描述产品信息，不虚假宣传或误导消费者。（　　）

学习成果评价

学生基本信息						
姓名			分组			
实训科目			实训指导教师			
类别	项目要求	分值	评分细则	自我评价	小组评价	教师评价
素养（30分）	开通直播平台，遵守直播平台规则	15分	不遵守直播平台规则得0分			
	遵守直播电商岗位职业道德	15分	不遵守直播电商岗位职业道德得0分			
核心技能（70分）	能够完成直播平台的开通	30分	顺利开通直播平台得30分			
	能够完成直播电商岗位简历的设计	40分	合理设计出直播电商岗位简历得40分			
合计		100分	—			
总分（加权平均分，自我评价20%，小组评价30%，教师评价50%）：						
组长签字			教师签字			

项目2
修炼秘籍当主播：主播人设打造与能力塑造

学习目标

知识目标

1. 认识主播人设的类型。
2. 熟悉主播人设定位、打造的方法。
3. 了解管理主播形象、提升主播镜头表现能力的方法。
4. 熟悉主播专业能力要求。
5. 了解培养主播专业能力的方法。

能力目标

1. 能够根据目标受众画像与主播自身条件，完成主播人设打造。
2. 能够根据直播要求，完成主播妆容、发型、着装设计。
3. 能够根据直播要求，完成主播专业能力培养方案设计。

素养目标

1. 具备良好的外在形象，注重仪容仪表，注意言谈举止，树立积极向上、健康向善的形象，成为社会的正面引领者。
2. 注重学习专业知识，提高自身的专业素养和技能水平，不断拓展知识领域，提升直播专业能力。

学习导引

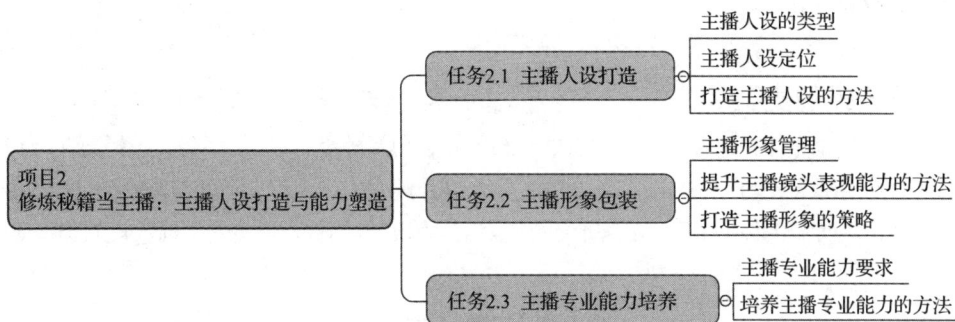

任务2.1 主播人设打造

案例导入

"晋富农"电商公司是山西本地优质农产品企业，致力于推广和售卖山西特色农产品，张琳是该公司的主播。近期，公司准备开展一场"山西特色农产品"直播促销活动，主要促销的农产品包括交城骏枣和沁州黄小米。为了给直播活动带来更多的吸引力和特色，老板要求张琳分析自己的性格、外貌和特长，以打造出符合直播风格的主播人设。

张琳从以下几个方面分析自己，以打造合适的主播人设。

1. 性格特点。张琳是一个热情开朗且风趣幽默的人。她善于与人沟通和建立友好关系，能够轻松地与观众进行互动。她的性格特点使她适合选择欢快有趣的直播风格，以吸引观众关注和积极参与。

2. 外貌形象。张琳的形象很有亲和力，于是她决定在直播中展现出自己亲近大自然的一面，以突出农产品的天然和健康属性。她会选择简洁舒适、朴素亲民的服装，以与农产品的特色相呼应。

3. 专业知识和特长。张琳决定提前学习农产品相关的知识，并与生产商进行深入交流，以便在直播中能够准确介绍产品的特点、产地和生产过程。她还计划进行一些简单的烹饪演示，以展示农产品的多样化用途。

综合分析后，张琳打算打造一个活泼、亲切、有趣的主播形象。在直播中，她以友善的态度与观众互动，向他们展示山西特色农产品的魅力；她利用自己的热情和幽默，让观众感受到她的亲和力；她展示自己对农产品的兴趣和对产品知识努力学习的成果，为观众提供专业的意见和建议；同时，她通过简洁朴素的服装和亲近大自然的形象，呼应农产品的天然和健康属性。这样的主播形象将使观众在直播中感到愉快，并对她产生信任感，进而会提高他们对农产品的兴趣和购买意愿。

【案例思考】

通过阅读案例，思考并回答以下问题：

（1）如何打造主播人设？

（2）在打造主播人设时，需要考虑哪些因素？

任务知识

一、主播人设的类型

主播人设是指主播在直播平台上塑造的角色形象，包括外貌、气质、风格、语言、行为等方面的设定。打造主播人设的作用是吸引观众的关注，提升观众的忠诚度，建立与观众的情感联结，增强观众黏性，从而实现商业变现、品牌形象塑造和品牌推广等目标。常见的主播人设的类型如表2-1所示。

表2-1　主播人设的类型

类型	介绍	优势
专家主播	主播以专业知识和经验为基础，提供专业领域的知识分享并解答观众疑问	能够提供专业的知识分享并解答疑问，吸引对该领域感兴趣的观众，使观众建立对主播的信任感和忠诚度

续表

类型	介绍	优势
达人主播	主播在某个特定领域具备专业技能或丰富经验，通过分享经验、教学等方式吸引观众	吸引对该领域感兴趣的观众，通过实用的教学和经验分享增加观众的价值感和学习兴趣
商家主播	主播代表某个品牌或商家，以品牌形象为基础，进行产品展示、推荐和销售等活动	借助品牌形象和商家资源，增加观众信任度和购买意愿，实现商业变现和品牌推广
红人主播	主播以自己的个人魅力、明星效应或粉丝基础吸引观众	主播拥有一定的知名度和粉丝基础，所以能吸引观众关注，增加品牌合作和商业机会
素人主播	主播以平凡普通人的身份出镜，通过真实的生活展示和分享，与观众建立亲近感	易与观众建立亲近感，让观众产生共鸣，增加观众的黏性和忠诚度

二、主播人设定位

主播人设能够帮助主播确定其在直播行业的角色和定位，帮助主播建立个人品牌和形象，吸引和保持粉丝群体。一个明确的人设定位能够让主播在众多竞争者中脱颖而出，让观众能够清晰地认识到主播的特点和风格。主播可以通过 5W 维度进行人设定位，如表 2-2 所示。

表 2-2　主播人设定位 5W 维度

维度	说明
我是谁（Who）	主播在进行人设定位时，首先要明确自己的身份、角色，例如美食主播、美妆主播、旅行主播等。接下来，主播需要确定自己的形象，以增强辨识度，例如，如果主播擅长美妆，可以将自己的形象定位为"美妆主播××"
面对谁（Whom）	主播在进行人设定位时，应充分考虑人设面向的目标受众，这样才能打造出有针对性的人设。明确目标受众时，主播需要了解受众的性别、年龄、性格、受教育程度、收入水平、消费能力等
通过什么渠道（Which Channel）	主播需要通过一定的直播渠道展示人设特点，如通过淘宝直播、京东直播、多多直播等电商类直播平台直播，或通过抖音直播、快手直播等短视频类直播平台直播
提供什么（What）	主播要通过讲解、展示等告知观众自己能为其提供什么，并突出自己的核心竞争优势
解决什么问题（What Problem）	主播要能给观众带来利益或好处，如较低的价格、专业的产品知识讲解、平时购买同类产品无法得到的服务等，还要能满足观众的痛点（未得到满足的需求所造成的痛苦）需求

三、打造主播人设的方法

主播是直播电商的灵魂，优秀的主播自带流量，而有鲜明的人设是主播进行直播带货的先决条件。打造主播人设对直播电商有非常重要的作用。打造良好的主播人设，能让观众对主播印象深刻，迅速拉近主播与观众之间的距离。打造主播人设的方法主要有以下几个。

（一）了解目标受众

在打造主播人设时，需要充分了解目标受众，并通过对目标受众的兴趣、需求、喜好等进行调研，明确目标受众画像。然后要根据目标受众画像来调整主播的形象，这样可以在一开始就使主播的人设对特定群体产生充分的吸引力。例如，目标受众喜欢运动与健身，主播就可以通过身穿运动服吸引目标受众。

（二）挖掘自身闪光点

主播要找出自己在直播行业中的独特优势和特点，即自身的闪光点，如自己的特殊技能、独特经历、卓越表现力等。主播在打造人设时，可以选取自己的一到两个闪光点，这样更有利于观众记忆和识别。例如，身材很好的人可以做服装主播，会化妆的人可以做美妆主播。

（三）寻找自身辨识度

如果一名主播想在众多主播中脱颖而出，就需要具有辨识度。主播要明确自己的人设定位，找到契合自己的专属标签，突出自身独特、别致、与众不同的点。主播可以通过选择特定的主题或领域，以及独特的视觉风格、口头表达方式等，增强自身的辨识度。例如，主播声音甜美，则可以做唱歌主播。

（四）形成风格化话术

主播形成颇具个人风格的直播话术有利于赢得更多流量和关注。主播可以选择一些常用的、带有个人特色的话术，在直播中经常使用。这些话术可以是搞笑、幽默、独特的口头禅，也可以是各地特色方言。这样的话术能够让观众更容易记住主播，同时也能够增强主播的表现力和影响力。

📚 任务实施：主播人设打造

任务背景

近期，"晋富农"电商公司准备开展一场"山西特色农产品"直播活动。主播张琳提前学习了农产品相关的知识，而且她形象年轻活泼、热情洋溢。但是，要想得到观众的认可，留住观众，她还需要根据目标受众的喜好进一步打造主播人设。

任务操作

学习主播人设打造，可参照如下步骤进行。

步骤1：明确目标受众画像

为了准确把握目标受众的需求和喜好，更好地规划主播人设和直播内容，直播团队需要通过调研和数据分析，全面了解目标受众，包括目标受众的年龄、所在地域、消费特点、消费习惯、消费需求等。张琳对此次直播的目标受众进行了分析，得出了表2-3所示的目标受众画像。

表2-3　目标受众画像

目标受众画像	分析
年龄	主要为35岁到50岁的消费者
所在地域	主要集中在山西省内

续表

目标受众画像	分析
消费特点	①倾向于追求健康、绿色、有机的农产品，对农产品品质有较高的要求； ②对山西特色农产品有较多的认知，且有购买意愿和购买能力
消费习惯	习惯在线购物，对直播形式的购物也有一定接受度
消费需求	购买价格低廉、绿色有机的高品质农产品

步骤2：分析主播自身条件

打造主播人设时，需要分析主播自身的条件，包括主播的性格、工作经验、教育背景、特长等，还要分析主播和其他主播的不同之处，找到其个人特点和优势。

张琳对自身条件进行了分析，包括性格、特长、工作经验，如表2-4所示。

表2-4　自身条件分析

维度	说明
性格	活泼、外向、开朗，能够与观众建立良好的互动和沟通。这种性格特点能够增加直播活动的趣味性，并吸引观众的关注和喜爱
特长	①提前学习了农产品相关的知识，能够深入地介绍山西特色农产品的种植方式、生产工艺、营养价值等信息。这将增加自身在直播活动中的专业性和权威性，提升观众的信任度。 ②擅长说山西方言，了解山西文化，能够在直播中用方言与观众打招呼或讲解产品卖点，拉近与观众的距离
工作经验	之前在农产品培育基地工作过，对农产品的种植方式、生产工艺、营养价值等方面的知识有深入的了解，并考取了农艺师相关的证书

步骤3：打造主播人设

通过明确目标受众画像，主播能更好地调整自己的形象，使自身的人设符合目标受众的需求；通过分析自身条件，主播能了解自身的性格、特长、工作经验等方面的优势，挖掘出自身的闪光点，塑造独特的主播人设。

张琳通过明确目标受众画像，分析自身条件，确定了自己的人设类型，突出了人设特点，并形成了风格化话术，如表2-5所示。

表2-5　主播人设

维度	说明
人设类型	农产品专家型主播
人设特点	①活泼开朗； ②精通山西方言； ③熟悉山西特色农产品种植方式、生产工艺、营养价值等方面的知识
风格化话术	利用山西方言向观众打招呼，例如在直播开场时用"喂"跟观众打招呼。"喂"是山西方言中最常用的打招呼方式之一，且其发音会带有一定的卷舌音，给人一种热情友好的感觉

任务拓展

小陈是一名电子商务专业的毕业生，毕业后她进入一家美妆公司从事主播工作。为了在竞争激烈的美妆直播行业吸引更多观众，小陈需要进行主播人设打造，将自己最好的状态呈现给观众。

请同学们根据本任务所学内容，帮助小陈完成主播人设的打造。

登录抖音或淘宝直播平台，观看三位美妆类主播的直播，归纳整理其人设特点，填入表2-6中。

表2-6 主播人设类型及特点

主播	主播人设类型	主播人设特点
主播1		
主播2		
主播3		

以你观看的其中一位主播为参考，挖掘其人设标签，填入表2-7中。

表2-7 主播人设标签

维度	人设标签
性格	
特长	

根据挖掘出的主播人设标签，完成主播人设呈现，填入表2-8中。

表2-8 主播人设呈现

维度	人设呈现
特点	
话术	

任务2.2 主播形象包装

案例导入

为了迎接即将到来的"山西特色农产品"直播促销活动，张琳完成了主播人设打造，但她还需要进行主播形象包装，以吸引观众的注意并激发其购买欲望。

张琳认识到，主播形象包装的关键在于服装、妆容、发型、仪态和表情等方面。她需要展现出亲和力、专业性，以及与山西特色农产品相匹配的形象。

在服装方面，张琳决定选择与山西特色农产品主题相符的风格。她选择了一套舒适又朴素的服装，以突出农产品天然和健康的特点。她还准备了几套不同的服装搭配，以便在直播过程中换装，增加观众的新鲜感和视觉享受。

在妆容和发型方面，她选择了清透自然的妆容，以展现其健康和活力；同时选择了简洁大方的发型，以展现其专业形象。

在仪态和表情方面，张琳意识到自己需要保持自然且优雅的仪态，并在直播中展示自己的亲和力和自信心。她通过练习纠正自己的仪态，并确保自己在镜头前的动作和表情都是优雅且专业的。

张琳顺利完成了直播促销活动。她以亲和力、专业性与山西特色农产品相匹配的形象，成功吸引了大量观众关注，并激发了他们的购买欲望。通过直播间的实时销售数据可以看出，观众对张琳推荐的农产品的信任度很高，购买量也相应增加。

【案例思考】

通过阅读案例，思考并回答以下问题：

（1）主播形象打造可以从哪些方面进行？

（2）在进行主播形象打造时，需要注意什么？

任务知识

一、主播形象管理

作为公司的代表和形象传播者，主播的形象直接影响着观众对产品和品牌的认知和信任度。主播形象管理包括外在形象管理和内在形象管理两个方面。

（一）外在形象管理

外在形象是主播给观众的第一印象，包括服饰、妆容、发型、仪态、表情、言谈举止等方面，需要保持整洁、大方、得体、自然。表2-9所示为主播外在形象管理的要点。

表2-9 主播外在形象管理要点

外在形象	注意要点
服饰	①与品牌或产品相匹配。主播选择的服饰应与所推广的品牌或产品相协调。要考虑品牌的风格定位和目标受众，选择适合的服装款式、颜色和质地。 ②整洁、得体。主播的服饰应保持整洁，没有明显的污渍或褶皱。而且，要选择得体的服装风格，避免过于暴露或夸张的装扮，以保持专业和良好的形象。 ③适合场合和主题。主播应根据直播的场合和主题来选择服饰。在正式场合可以选择正装，在休闲场合则可以选择休闲或时尚的服饰
妆容	①简约自然。主播的妆容应尽量保持简约自然，突出面部特点，提亮肤色，强调眼部轮廓，但不宜过于夸张或艳丽。 ②与服饰相协调。主播的妆容要与服饰的风格相协调，创造出整体和谐的形象
发型	①整洁有型。主播的发型应保持整洁有型。无论是长发还是短发，都要注意修剪和造型，确保发型整齐，面部轮廓突出。 ②与形象相符。主播的发型要与所要塑造的形象相符。可以选择适合自己脸型和个人风格的发型，使之与整体形象保持一致
仪态	①自然大方。保持自然大方，避免过于刻意的动作或者过度的肢体语言。 ②姿态端正。保持正确的站姿和坐姿，避免弓腰驼背等不雅观的姿态
表情	①笑容可亲。保持微笑，给观众一种友好、亲切的感觉，增加亲和力。 ②避免夸张的表情。适度的表情和动作可以增加趣味性和吸引力，过度夸张的表情和动作则可能会给人造作或不真实的感觉
言谈举止	①言语得体。注意言辞文明、用词得体，避免使用粗俗或冒犯性的语言。 ②待人真诚。注意控制情绪，以真诚的态度拉近与观众之间的距离。 ③积极向上。树立积极向上、专业可靠、有亲和力的形象。 ④从容自然。放松自己，自信表现，避免紧张和不自然的表情或举止

（二）内在形象管理

内在形象管理是指主播的内在素质和职业素养的塑造和提升。表2-10所示为主播内在形象管理的要点。

表2-10 主播内在形象管理要点

内在形象	管理要点
内在素质	主播要对专业领域相关知识有充分的储备，能够在直播中灵活运用，增加话题的深度和广度，提升观众讨论的兴趣。同时，主播需要具备组织能力、互动能力、应对突发情况的能力等，使直播活动能够顺利开展
职业素养	主播要具有良好的道德修养，能够在直播中传递正能量，展现正确的价值观，体现积极向上的形象

二、提升主播镜头表现能力的方法

主播要面对镜头将信息有效地传递给观众，并在镜头前展现个人魅力，吸引观众持续关注。而主播的镜头表现能力是通过神态、肢体语言、声音及视觉效果等多个方面来展现的。提升主播镜头表现能力的方法主要有以下三个。

（一）观摩其他优秀主播的直播

观摩其他优秀主播的直播，借鉴其表现技巧和经验，其中要注意观察他们在镜头前的姿态、肢体语言、表情、眼神等，并学习他们的语言表达技巧。

1. 观察其他主播的姿态和肢体语言

注意观察其他主播的姿态，包括坐姿和站姿是否保持端正、自信，是否会避免低头、驼背等不良姿势。同时，注意观察其他主播的肢体语言，如手势、动作等，看他们如何运用肢体语言来强调或解释某些内容。

2. 观察其他主播的表情和眼神

观察其他主播的表情，看他们如何运用微笑、认真的表情来与观众建立情感联结。同时，观察他们的眼神，看他们如何直视镜头、与观众进行眼神交流，给观众一种亲近和互动的感觉。

3. 学习其他主播的语言表达技巧

注意观察其他主播的语言表达技巧，看他们如何使用适当的语调和音量来吸引观众的注意力，并使用正确的节奏来引导观众互动。

（二）学习表演技巧

通过学习表演技巧，主播可以提高自己的镜头表现能力，增加表现的多样性和逼真度。同时，主播也可以重点练习并应用以下几个技巧，使自己更加自信、专业地在镜头前表现。

1. 表达技巧

学习如何使用肢体语言、面部表情和声音等多种方式来传达情感和意义。通过练习和观察演员的表演，了解如何运用不同的表达技巧来增强镜头表现力。

2. 角色塑造

学习角色塑造的技巧，包括通过改变声音、姿势、表情和态度等来塑造不同的角色形象。练习时可以选择不同的角色，尝试扮演并表达出角色的特征和情感。

3. 情感表达

学习如何表达和传递情感。通过练习不同的情绪状态，如喜悦、悲伤、愤怒等，掌握情感的切换和表达方式。

（三）面对镜头反复练习与反思

通过面对镜头反复练习、持续反思，主播可以不断提升自己的镜头表现能力，使直播达到更好的效果。

1. 自我录制

使用摄像设备或手机，自行录制面对镜头的练习视频。可以选择各种场景和话题，如产品介绍、观众互动、主题讨论等，模拟真实的直播环境。

2. 注重眼神交流

练习时要注重与镜头保持眼神交流，尽量直视镜头，与观众建立联结。同时，要练习在面对镜头时保持自然、自信的眼神表达。

3. 观察回放和分析

观看录制的视频回放，仔细观察自己的表现，包括姿态、表情、眼神、语言表达等，分析自己的优点和不足，找出需要改进的地方。

三、打造主播形象的策略

打造主播形象是直播销售中至关重要的一环，不仅可以增加主播的个人魅力和知名度，还能为直播间带来更多的人气和更大的影响力，进而提高产品销量。打造主播形象的策略有以下五种。

（一）精准定位专业领域

主播要结合自身特点及优势，包括外貌、性格、技能、知识储备等，找出自己在直播领域的潜在竞争力，为专业领域定位提供准确方向。选择合适的专业细分领域，有利于主播在该领域充分发挥自己的才能，树立专业形象，从而让观众对其产生信任感和认同感，有效提高直播间的影响力。

（二）提供有价值的内容

直播内容的价值性是观众决定是否持续观看直播的关键因素。主播需要针对观众需求，向观众提供有用、有趣、有价值的内容，包括行业动态分析、经验分享、问题解答、技术指导等。通过提供有价值的内容，让观众从中有所收获，主播也能赢得观众的信任和忠诚度，从而树立积极的形象。

（三）塑造独特个性

鲜明的个人特征能够增强主播的辨识度和吸引力，给观众带来与众不同的体验，加深观众的印象，提升观众的好感度。通过挖掘自身的差异化特点和优势，并将其展现出来形成独特个性，如特殊的表演风格、独到的产品知识、独特的沟通方式等，主播可以让观众直接感受到其独特魅力。

（四）提升自我专业性

随着观众消费需求的变化，主播向观众推荐产品时需要更加全面。除了关注产品价格和功能，主播还应具备一定的专业知识储备，对产品特点和市场需求有充分的了解，不断提升自身的专业性。只有这样，主播在直播中才能更加准确地向观众传递产品和品牌的价值，为观众提供准确的信息和专业的建议，并与观众建立起信任关系，赢得观众信赖，从而促进销售。

（五）加强交流互动

在直播过程中，主播不仅需要对产品进行推荐，还需要通过与观众交流、互动来营造活跃的氛围。主播应该积极与观众互动，对他们提出的问题和评论给予及时反馈，并通过抽奖、答题、投票等环节来调动观众的参与热情。这样，主播就能与观众建立紧密联系，更好地了解观众的需求和意见，从而提供更符合观众心理的内容和产品，提高直播间的互动性和热度，促进销售并建立粉丝基础。

任务实施：主播形象管理

任务背景

近期，"晋富农"电商公司准备开展一场"山西特色农产品"直播促销活动，老板安排张琳做主播。在进行直播前，张琳需要进行主播形象管理，以便直播时给观众留下深刻印象，并吸引观众下单购买直播间的产品。

任务操作

主播形象管理，可参照如下步骤进行。

步骤1：根据直播产品特点进行主播形象规划

在进行主播形象打造时，首先需要明确直播产品的特点，并根据这些特点进行主播形象规划，以更好地推广和销售产品。张琳作为农产品主播，主要是为观众讲解农产品，因此不需要浓妆艳抹，形象清爽、大方、简单即可。

步骤2：设计主播妆容、发型和着装

在管理主播形象时，设计主播的妆容、发型和着装是非常重要的。主播的妆容、发型和着装要保持一致性，不仅要展示个人风格和特点，还要与直播内容和定位相符合，以吸引观众、引发共鸣，并引导观众对主播建立信任感。

张琳作为专门讲解农产品的主播，妆容、发型和着装都应以展现专业性为目标，要自然、整洁和舒适。这样的设计可以帮助张琳在直播过程中展现她的农产品专业知识和她对农产品的热情，同时给观众留下良好的印象。表 2-11 所示为张琳的妆容、发型、着装设计要点。

表 2-11　张琳的妆容、发型、着装设计要点

维度	设计要点
妆容	①自然妆容。选择清透自然的妆容，突出肌肤的健康光泽。可以使用轻薄的粉底液和蜜粉来打造自然的妆感，搭配淡雅的自然色系眼影和唇彩。 ②眉形强调。农产品讲解需要专业性，因此可以通过修饰眉形来加强主播的专业感。保持眉形整齐并适当填补眉毛，使眉形更加干练有力
发型	简洁大方。选择简洁利落的发型，如高马尾、低马尾或者盘发等，以展现主播专业且有型的形象
着装	选择亮色或"农田"色系的服装，例如浅绿色、土黄色等，来呼应农产品的特点，以增加形象的和谐感

步骤3：训练镜头表现能力

为了呈现出更加完美的形象，主播还需要有良好的镜头表现能力。良好的镜头表现能力有助于主播与观众建立更紧密的联结，提升观众的观看体验，并增加观众对主播形象的好感度。张琳通过表 2-12 所示的练习来提升自己的镜头表现能力。

表2-12 提升镜头表现能力的练习

练习	说明
眼神训练	在站立位置前方2～3米的明亮处选择一个目标，并做好标记，标记的高度与眼睛或眉部基本持平。自然睁大眼睛，双眼正视前方目标上的标记，目光集中。注视一定时间后双眼微闭休息，再猛然睁开，盯住目标上的标记。这样反复练习
模仿训练	先在直播平台找到农产品相关的优秀主播，观察他们是如何在镜头前表现的，包括他们的眼神、表情、手部动作、肢体动作等，分析他们这样做的原因，然后模仿他们在镜头前的表现，熟悉镜头
对镜训练	寻找一面比较大的镜子，把它当成镜头，面对镜子模拟直播，观察自己说话时的状态，并不断调整
自拍训练	把手机前置摄像头当作镜头，使用手机的录制功能，按照直播脚本开始模拟直播，结束录制后反复观看，观察自己的直播状态，如眼神、表情、肢体动作、语速等，并不断优化

任务拓展

近期，某儿童图书公司准备开展一场"儿童图书大放送"直播促销活动，小美担任此次直播的主播。在进行直播前，小美需要完成主播形象设计，从而在直播时给观众留下深刻印象，促进直播间儿童图书的销售。

请同学们根据本任务所学内容，帮助小美完成主播形象设计，包括妆容、发型和着装，将内容填入表2-13。

表2-13 小美的妆容、发型、着装设计

维度	设计
妆容	
发型	
着装	

任务2.3 主播专业能力培养

案例导入

完成主播人设打造和主播形象包装后，离直播促销活动的开展就不远了。为了确保直播促销活动顺利进行，"晋富农"电商公司的老板要求张琳提前提升自身的语言表达能力，并且熟悉产品知识，以便能够进行演练并总结自身的不足之处，同时能够应对突发状况。

于是，张琳开始了为期一周的自我提升之旅。她花了大量时间阅读关于促销产品交城骏枣和沁州黄小米的资料，深入了解它们的产地、种植过程、营养价值及特色，并记录下来。同时，她还通过观看其他优秀主播的直播，学习他们的语言表达技巧和互动方式。

接下来，张琳开始了自我演练。她设置了一个小型的直播场景，模拟真实的直播环境。在演练过程中，她尽量用幽默风趣的语言表达交城骏枣和沁州黄小米的特点，同时注重与观众的互动。她还模拟了可能出现的突发状况，如网络连接不稳定或观众提出棘手的问题，努力找到解决方案。

在演练结束后，张琳总结了自身的不足之处。她发现自己在某些时候会表达得啰唆冗长，而在回答观众问题时，她有时会对一些专业知识理解不准确。为了解决这些问题，她决定多练习口才和演讲技巧，并继续深入学习产品知识，确保自己能够将信息准确、简洁地传达给观众。

直播促销活动的日子终于到来了。张琳在直播过程中用幽默风趣的语言吸引了观众的注意，并积极回应观众的提问，热情与观众互动。尽管直播过程中出现了一些技术问题，但她紧急联系了技术人员，并及时解决了问题，确保了直播的顺利进行。活动结束后，老板对张琳的表现给予了高度赞赏。

【案例思考】

通过阅读案例，思考并回答以下问题：

（1）张琳是如何提升自身的专业能力的？

（2）通过案例内容，你认为主播提升专业能力需要做哪些努力？

✍ 任务知识

一、主播专业能力要求

主播专业能力是指主播在进行电商直播时所需要具备的专业知识和技能，包括语言表达能力、产品讲解能力、直播控场能力等。

（一）语言表达能力

主播是通过口头语言来向观众传递信息的，因此需要能够清晰、准确、流畅地表达自己的想法，与观众进行有效的沟通和交流。主播的语言表达能力主要体现在表达的趣味性、亲和性、有效性和丰富性这四个方面。其中，趣味性要求主播能够运用恰当的比喻、俏皮的形容词和引人入胜的口述技巧，通过幽默、诙谐或巧妙的语言来吸引观众注意。亲和性要求主播能够运用自然流畅的口语表达方式，使用简单易懂的词汇和句子，以友善、亲切的口吻与观众进行交流，建立起良好的沟通氛围，增强与观众的情感联结。有效性要求主播能够采用清晰的逻辑结构和有条理的思维方式，言简意赅地表达关键信息，避免冗长的话语，确保观众能够准确理解所传达的内容。丰富性要求主播能够运用广泛的知识储备和充分的表达技巧，根据不同的场合和需求随机应变，使直播内容更加多样化。

（二）产品讲解能力

产品讲解能力是指主播作为产品的推荐人，对产品属性做出全面阐释的能力。主播需要对所销售的产品，包括产品的特点、功能和优势有深入的了解，并能以简洁明了的语言向观众清晰、详细地介绍产品，回答观众提出的问题，帮助观众了解和购买产品。同时，主播还要以生动有趣的方式描述产品，并通过故事或实例来展示产品的实际效果，提高观众的购买欲望。

（三）直播控场能力

直播控场能力是指主播在直播过程中能够有效地掌控场面，保证观众的关注度和参与度，推动直播顺利进行的能力。首先，主播需要具备良好的时间把控能力，能够合理安排直播中的各个环节，确保直播的流程和时长控制在可接受的范围内。其次，主播需要有良好的沟通能力和共情能力，在与观众互动时保持积极、友好的态度，娴熟运用各种情绪化的语言和表情，以及一些互动技巧来提高观众的参与积极性。最后，主播还需要具备处理突发状况和解决问题的能力，及时化解直播过程中出现的危机事件，以保证直播顺利进行。

二、培养主播专业能力的方法

只有具备扎实的专业能力，主播才能更好地传达产品信息、掌控直播节奏，并通过有效的销售技巧引导观众购买、提高转化率，从而为商家带来更高的销售额和更强的用户黏性。培养主播专业能力的方法如表2-14所示。

表2-14　培养主播专业能力的方法

专业能力	培养方法
语言表达能力	①增加词汇量。通过阅读丰富多样的书籍、文章，观看各种类型的直播，积累词汇量。 ②练习口语和发音。通过模仿和大量口语练习来提升口语表达能力。可以模仿人气较高的主播的语调、语速和语气，进行口语练习，提升表达的流利度和自信心。 ③提升表达技巧。学习表达技巧，如使用适当的语气、节奏、重音和停顿来强调重点和吸引观众的注意力。可以参考演讲技巧和口才训练的相关资料，进行练习和改进。 ④增加语言多样性。尝试使用多种表达方式和语言风格，避免语言过于单一和枯燥。可以通过丰富的词汇和句式，运用比喻、比拟等方法，使语言更具有吸引力和表现力。 ⑤注重逻辑。在表达观点和思路时，要注重逻辑性，避免语义模糊和句子冗长。可以学习逻辑思维，进行思考和练习，使自己的语言表达更有条理、更加流畅。 ⑥多练习，多实践。通过大量的实战演讲、主持、采访等活动，练习、实践语言表达，增强自信心，增加熟练度。可以参加辩论赛、主持人比赛等活动，积累经验并不断改进自己的技巧
产品讲解能力	①全面了解产品。在进行产品讲解前，要充分了解所要讲解的产品，包括其特点、功能、用途、材质、品质等方面的信息。可以通过阅读产品说明书、参观生产工厂、与供应商沟通等方式，全面掌握产品的信息。 ②清晰简洁地表达。在进行产品讲解时，要注意语言表达的清晰和简洁，避免使用过于专业的术语和复杂的句子结构，使观众能够迅速理解和记忆。 ③强调产品优势。在讲解产品时，要强调产品的独特之处和优势。可以通过对比分析、实际案例、用户评价等方式，具体展示产品相比其他同类产品的优势和价值。 ④实际演示和展示。为了更好地让观众了解产品，可以进行实际演示和展示。通过使用演示品、模型、图片、视频等方式，让观众直观地看到产品的特点和效果。 ⑤故事化讲解。通过讲述与产品相关的故事、背景或使用场景，使讲解更富有故事性，引发观众的情感共鸣。可以在讲解中融入个人的使用经验、感受和见解，使观众更容易感同身受。 ⑥增加互动和答疑。在讲解产品的过程中，可以增加互动和答疑环节，回答观众的问题、解决观众的疑惑，增加观众的信任感和购买意愿。 ⑦不断学习和改进。可以观看其他优秀主播的讲解，学习他们的技巧和经验；也可以参加培训课程和讲座，提升自身的专业知识和讲解技巧
直播控场能力	①自信心提升和气场打造。培养自信心和强大的气场，通过仪态、声音等方面展现自己的自信和魅力，以吸引观众的注意力并提升观众的信任度。 ②熟悉直播环境和设备。在直播前，要熟悉直播平台的操作流程和功能，掌握直播设备的使用方法，确保掌控直播过程，并及时应对可能出现的问题。 ③编排和控制直播内容。事先规划好直播的内容和流程，掌控好直播的时间和节奏，避免冗长和拖沓，提升直播的紧凑度和吸引力。 ④情绪管理和表达技巧。掌握情绪管理技巧，保持积极向上的态度和情绪，遇到困难或突发状况时能应对得当。同时，学习、运用不同的表达技巧，如讲故事、使用幽默、表达感恩等，以吸引观众并引发共鸣。 ⑤能够随机应变和解决问题。在直播过程中，可能会遇到各种问题和意外情况，如技术故障、观众投诉等，因而主播要具备快速应变和解决问题的能力，保持冷静和专业，避免影响直播的质量和流程

任务实施：主播专业能力培养

任务背景

近期，"晋富农"电商公司计划开展一场"山西特色农产品"直播促销活动，主要产品有沁州黄小米、平遥牛肉、交城骏枣和祁县酥梨。为了取得更好的促销效果，直播运营部门经理让张琳担任主播，并要求她提前一个月提升专业能力。

任务操作

主播专业能力培养，可参照如下步骤进行。

步骤1：熟悉直播产品

张琳通过互联网搜索、书刊查阅等方式，搜集到了此次直播促销活动涉及的产品的相关资料，并总结出了产品信息，包括产品介绍、产品外观、产品口感、产品卖点等，如表2-15所示。

表2-15 "山西特色农产品"直播促销产品相关资料

产品名称	产品信息
沁州黄小米	沁州黄小米是山西沁县地方特产，为地理标志保护产品，原名"糙谷"或"爬山糙"，是山西小米的代表，有"天下米王"和"国米"之称，与山东金乡的马坡金谷小米、山东章丘的龙山小米、河北蔚县的桃花米并称为我国"四大名米"，是山西著名的特色农产品。沁州黄小米色泽蜡黄，晶莹透亮，颗粒圆润，状如珍珠，民间谚语称"金珠不换沁州黄"。沁州黄小米吃起来绵软可口，清香扑鼻，且营养丰富，有清热、利尿、消肿等功效，是山西乃至北方广大地区人们的传统营养食品和滋补佳品
平遥牛肉	平遥牛肉是山西平遥县的特色传统美食，为地理标志保护产品，早在明清时已闻名遐迩，成为达官显贵宴客的必备之品。慈禧太后途经平遥，享用平遥牛肉，将其定为皇宫贡品。平遥牛肉采用考究的选料方法和独特的腌、卤、炖、焖制作工艺，所产牛肉色泽红润，肉质鲜嫩，肥而不腻，瘦而不柴，醇香可口，营养丰富，具有养胃健脾的功效。平遥牛肉曾在北京举办的全国食品名产展览会上，被中国旅游协会评定为"中国金牌旅游小吃"
交城骏枣	交城骏枣是山西吕梁市交城县地方特产，为农产品地理标志产品，以肉质细而松脆、味甜汁多著称，是"全国四大名枣"之一和"中国十大名枣"之一，素有"八个一尺，十个一斤"之称，是山西著名的特产水果。交城骏枣果大、肉厚、核小、色泽深红、质脆味甜、品质优良，既能鲜食，又能制干、加工，也是山西著名的特产干果之一。交城骏枣于1987年上过国宴，1990年被选定为亚运会特供果品。交城"维高牌"骏枣在首届国际医药、营养、保健产品博览会上被评为"国际最高金奖"，1997年、1999年、2021年连续三届在中国国际农业博览会上被认定为"名牌产品"
祁县酥梨	祁县酥梨是山西祁县地方特产，为地理标志保护产品，也是山西著名的特产水果。祁县酥梨有着得天独厚的生长环境，祁县土层深厚，土壤肥沃，雨量适中，昼夜温差大，为酥梨提供了优越的生长环境。祁县酥梨果形端正、洁白透黄、皮薄肉细、香甜酥脆、果汁多、糖分高、营养丰富、风味独特、品质上乘，多次荣获国家级和省、市级金奖，被誉为"果中一绝，梨中上品"。祁县酥梨先后荣获北京国际农博会金奖、山西省农业名品博览会金奖、山西省优质水果展销会金奖，还被中华水果协会授予了"中华名果"称号

步骤2：提升语言表达能力

为了提升直播过程中的语言表达能力，张琳决定提前观摩农产品相关直播，学习其他优秀主播的语言风格和表达技巧。她在抖音、快手和淘宝直播平台搜索"山西农产品"，观看了三位主播的直播内容，并对这三位主播的语言风格和表达技巧进行了总结，如表2-16所示。

表2-16　不同主播的语言风格和表达技巧

主播	语言风格和表达技巧
主播1	①直播风格轻松活泼，用幽默的方式吸引观众的注意。 ②善于运用口头禅和流行语，增加亲和力并引发观众共鸣。 ③与观众互动频繁，主动回应评论和提问，积极营造互动氛围。 ④使用详细的描述和形象的比喻，让观众更好地理解产品特点。 ⑤灵活运用故事和案例，讲述与产品相关的生动故事，提升观众的参与感
主播2	①语言表达流畅准确，用词简练，让观众易于理解。 ②使用专业术语和行业知识，彰显自己的专业能力，提升观众的信任度。 ③强调产品的特点、品质和独特之处，让观众产生购买欲望。 ④结合个人体验和感受，分享产品的口感、味道等细节信息。 ⑤把握直播节奏，适时加入产品介绍和互动环节，不让观众产生厌倦感
主播3	①表达自信、热情，让观众感受到积极的能量。 ②运用抒情的语调和情感化的表达，让观众产生情感共鸣。 ③强调产品的品牌故事和背后的文化价值，让观众对产品产生认同感。 ④使用描述性的词语和形象，增强产品的视觉吸引力。 ⑤善于运用肢体语言和面部表情，增加直播的趣味性和吸引力

步骤3：打造直播风格

张琳决定借鉴、学习这三位主播的语言风格和表达技巧，结合自身特点和公司产品的特点，打造出适合自己的直播风格，表2-17所示为张琳针对沁州黄小米设计的语言风格和表达技巧。

表2-17　张琳设计的语言风格和表达技巧

语言风格和表达技巧	说明
使用比喻	用比喻的方式来介绍产品，使其更形象、直观。例如，"我们直播间这款沁州黄小米像金珠子一样，金黄色的外皮闪烁着诱人的光芒"
热情洋溢	在直播过程中充满热情，语速适中，声音洪亮，给观众一种积极向上的感觉
简洁明了	用简洁的语言准确传达直播间产品的特点和优势，让观众能够快速理解。例如，在介绍沁州黄小米时，只用几句话就清晰地表达出产品的特点和口感，避免啰唆冗长："大家好！今天要给大家介绍一款物美价廉的产品——沁州黄小米！黄金般的颜色，绵软的口感，让人欲罢不能。营养丰富，健康又美味！快来感受一下它稀有的口感和香气吧！记得抓紧时间下单哦！"

步骤4：模拟演练

为了以更加完美的状态完成直播，张琳决定模拟演练，通过提前试播的方式，模拟自己在真实直播环境下的状态，预测并解决直播过程中可能出现的突发状况，同时发现自己的不足之处，在反思与总结中不断积累经验，从而进一步提升自己的专业能力。表2-18所示为张琳模拟直播的总结。

表 2-18　张琳模拟直播的总结

维度	问题	解决方法
突发状况	画面卡顿、声音中断	提前测试设备和网络稳定性，确保直播时不会出现技术故障。直播过程中，有技术人员在后台提供支持，及时解决可能出现的技术问题
不足之处	表达不流利、不充分	提前研究产品相关知识，并准备好自己要表达的观点和话术
	信息不准确，缺乏专业知识	提前对所直播的产品进行充分的了解，包括其特点、原产地、历史背景等，并且在直播中准确、简洁地传达给观众
	缺乏互动和参与感	可以设定互动环节，鼓励观众提问、评论，并积极回应，增加观众的参与感

任务拓展

近期，某零食公司准备开展一场"零食大放送"直播促销活动，主要促销的产品有鲜花饼、无骨鸡爪和榴莲酥，小佳担任此次直播的主播。在进行直播前，小佳需要完成以下任务。

提前搜集鲜花饼、无骨鸡爪和榴莲酥的产品信息，包括其口感、口味、卖点等，整理到表 2-19 中。

表 2-19　产品信息

产品名称	产品信息
鲜花饼	
无骨鸡爪	
榴莲酥	

打开任意一个直播平台，搜索同类型产品的直播，学习、总结主播的语言风格和表达技巧，并举例说明，填入表 2-20。

表2-20 语言风格和表达技巧

产品名称	语言风格和表达技巧	举例说明

在任意一个直播平台进行模拟直播，记录模拟直播过程中的突发状况和自己的不足之处，总结出解决方法，填入表2-21。

表2-21 模拟直播总结

维度	问题	解决方法
突发状况		
不足之处		

职业视窗

努力提高自身素养，争做新时代好主播

作为社交媒体时代的主力军之一，主播的形象和素养对直播行业的发展起着重要的作用。主播不仅要拥有能吸引观众眼球的外在形象，更要注重内在修养和个人素质的提高，努力成为新时代好主播。

首先，主播需要不断提高自身素养。素养是指综合素质和修养，包括道德品质、知识水平、文化素质等。主播应当注重自身素养的提升，不断学习进取，丰富自己的知识储备，提高自己的文化素养。通过广泛阅读、参与各类培训和学习，主播能够积累更多的知识和经验，为直播提供丰富的内容，吸引更多的观众。

其次，主播要注重自身形象的管理，包括仪容仪表、言谈举止等方面的管理。主播应该时刻保持良好的外在形象，注意穿着得体，仪表整洁，给观众留下良好的第一印象。同时，在直播中，主播要注意自己的言谈举止，做到语言文明、行为得体，树立积极向上的榜样形象，向观众传递正能量。

最后，主播要注重专业能力的塑造。专业能力是指在直播工作中所需要具备的技术和能力。主播应该不断提升自己在直播技术、内容策划、沟通等方面的专业能力，保持学习的状态，跟进行业发展的新趋势，提高自己的创新能力和应变能力。只有不断提升专业能力，主播才能不断为观众提供更加优质、有实际价值的直播内容，进而实现自身的价值和成长。

　　主播应该时刻保持良好的心态，积极调整自己，不断追求进步。努力提高自身素养，争做新时代好主播，不仅能够提升自己在直播行业中的竞争力，更能够为整个行业的发展作出贡献。让我们携手努力，共同打造一个积极向上、健康发展的直播环境。

职业技能训练

一、单项选择题

1. 在某个特定领域具备专业技能或丰富经验，通过分享经验、教学等方式吸引观众的主播人设类型是（　　）。

  A. 专家主播   B. 红人主播

  C. 达人主播   D. 素人主播

2. （　　）是主播人设打造的重要因素。

  A. 社交媒体粉丝数量   B. 外在形象和仪表

  C. 直播平台的选择   D. 直播内容的热门话题

3. 主播形象管理包括（　　）。

  A. 内在素质和修养的塑造 B. 社交媒体粉丝的互动

  C. 直播平台的宣传和推广 D. 直播内容的制作和编辑

4. 主播人设打造的目的是（　　）。

  A. 获得更高的直播收入   B. 吸引更多观众和粉丝

  C. 在社交媒体上积累影响力 D. 提升国际知名度

5. 主播专业能力塑造主要强调的是（　　）。

  A. 直播内容的创意和创新 B. 社交媒体的活跃度和互动情况

  C. 直播时的表演和演讲技巧 D. 直播平台的操作熟练度

二、多项选择题

1. 主播专业能力是指主播在进行电商直播时所需要具备的专业知识和技能，包括（　　）。

  A. 自我调节能力   B. 语言表达能力

  C. 产品讲解能力   D. 直播控场能力

2. 主播在进行服饰管理时，应当（　　）。

  A. 与品牌或产品相匹配 B. 整洁、得体

  C. 适合场合和主题   D. 色彩艳丽

3. 下列属于打造主播人设方法的是（　　）。

  A. 挖掘自身闪光点   B. 了解目标受众

  C. 寻找自身辨识度   D. 形成风格化话术

三、判断题

1. 素人主播通常拥有一定的知名度和粉丝基础，可以吸引观众关注，增加品牌合作和商业机会。（　　）

2. 主播在进行人设定位时，应充分考虑人设面向的目标受众，这样才能打造出有针对性的人设。（　　）

3. 主播的妆容可以根据自己的喜好来设计。（　　）

4. 主播在直播过程中应尽量直视镜头，与观众建立联结。（　　　）

5. 主播在进行产品讲解时，可以使用非常专业的术语和复杂的句子结构，从而体现自身的专业性。（　　　）

学习成果评价

学生基本信息						
姓名		分组				
实训科目		实训指导教师				
类别	项目要求	分值	评分细则	自我评价	小组评价	教师评价
素养（30分）	树立积极向上、健康向善的形象	30分	形象负面、消极得0分			
核心技能（70分）	能够完成主播人设的打造	20分	合理设计主播人设得20分			
	能够完成主播形象的设计	20分	合理设计主播形象得20分			
	能够完成主播专业能力培养方案的设计	30分	设计出主播专业能力培养方案得30分			
合计		100分	——			
总分（加权平均分，自我评价20%，小组评价30%，教师评价50%）：						
组长签字		教师签字				

项目3
货比三家圈粉多：直播选品与产品策划

学习目标

知识目标

1. 了解直播选品的原则、依据和工具。
2. 熟悉直播产品卖点提炼、表述的方法和卖点组织的模型。
3. 熟悉直播产品话术的类型和设计方法。
4. 熟悉直播产品话术设计的要点。

能力目标

1. 能够根据直播需求，利用直播选品工具，完成直播选品。
2. 能够利用 FABE 法则或 AIDMA 法则完成直播产品卖点的提炼，并对卖点进行表述。
3. 能够根据直播需求，完成直播产品话术的设计与撰写。

素养目标

1. 具备法治观念，能够遵守直播销售、直播营销相关法律法规。
2. 具备创新思维与能力，能够围绕直播营销开展创意化产品话术设计。

学习导引

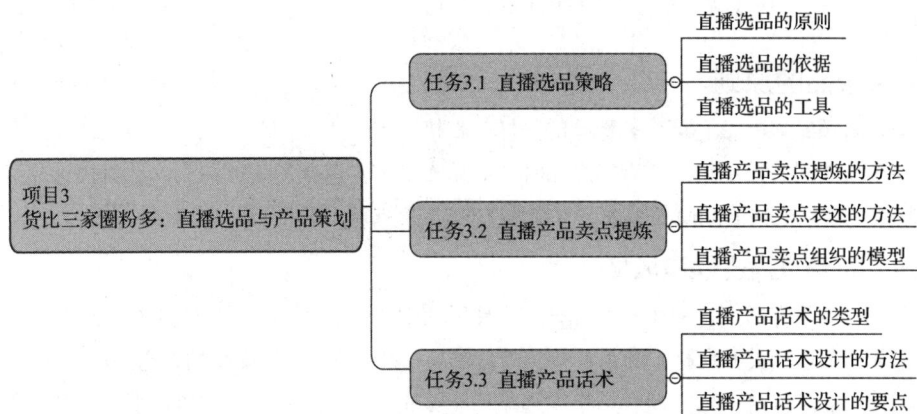

任务3.1 直播选品策略

案例导入

近期，"晋富农"电商公司要开展一场名为"山西特色农产品大促销"的直播活动，旨在提升店铺农产品的曝光度和销量。该企业的运营人员李凌负责直播选品策划，以确保活动能够吸引更多观众，并促使其下单购买。

要完成直播选品工作，李凌首先分析了直播活动的目标受众。通过分析数据，他得出此次直播活动的目标受众主要为注重生活品质的女性，她们热爱制作美食，追求高品质生活。接下来，李凌对农产品市场进行了调研，发现当下健康又有营养的高品质农产品备受消费者喜爱。基于此，他制定出如下选品策略。

第一，涵盖多种类型的农产品。选择多种类型的农产品，如大同黄花、广灵小米、应县紫皮蒜等，以满足不同口味的观众的需求。

第二，强调健康与创新。注重选择健康又富有营养的农产品，如有机、绿色、纯天然的农产品，以及口味独特、创新有趣的新品种。

李凌通过对目标受众进行分析和市场调研，制定了差异化的选品策略。他选取了多种类型的农产品，以满足不同口味的观众的需求；同时注重选择健康又富有营养的农产品，以符合市场的热点趋势。通过恰当的选品，这场直播活动成功吸引了观众的兴趣，并促使他们积极参与互动和购买，最终不仅提高了产品销量，还增强了观众对品牌的信任度。

【案例思考】

通过阅读案例，思考并回答以下问题：

（1）直播选品前，需要做哪些工作？

（2）直播选品时，需要考虑哪些因素？

任务知识

一、直播选品的原则

选品是直播销售的核心环节。选品的好坏，直接决定了直播间产品的转化效果。并不是所有产品都适合在直播间进行销售，在直播选品时，选品人员需要遵循一定的原则，让直播选品过程更加有序、规范，提高直播的品质和效果。直播选品需要遵循的原则如图3-1所示。

（一）符合直播主题和风格

直播选品应与直播主题和风格相匹配，以保证内容的一致性和连贯性。例如，如果是美食直播，选品应选择与美食相关的食材、厨具或特色美食产品；如果是时尚搭配直播，选品应选择时尚服饰、配饰或美妆产品。符合直播主题和风格的选品，能够提升直播的专业性和可信度，让观众更容易对直播内容产生共鸣和兴趣，进而增加购买欲望。同时，符合直播主题和风格的选品也能够增强直播的品牌形象和宣传效果。

（二）符合直播平台规则

直播选品应该符合直播平台的规则。不同直播平台对选品可能会有不同的规定和限制，选品人

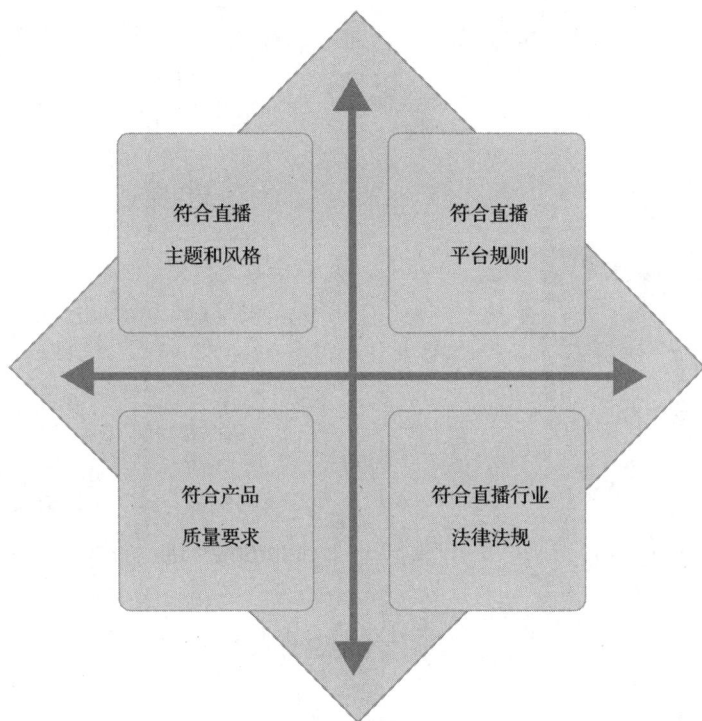

图3-1 直播选品原则

员需要仔细阅读、理解这些规则，并确保所选产品符合平台规则，以避免因选品违反规则而被平台处罚或封禁，确保直播活动的正常进行。此外，符合直播平台规则的选品，能够让直播获得平台的支持和推荐，提升直播的曝光度和影响力。

（三）符合产品质量要求

直播选品应当符合产品质量要求。产品质量是直播选品的重要考量因素，观众在直播过程中对产品的实际效果和品质有较高的期望，如果所选产品存在质量问题，就会给观众带来不好的使用体验，降低观众对直播的信任度和满意度。因此，选品人员在选择产品时，需要关注产品的质量和可靠性，确保所选产品符合质量要求，以便提升观众对直播内容和所推荐产品的信任度，增加观众的参与度和购买意愿，促进直播销售的成功。

（四）符合直播行业法律法规

直播选品应当符合直播行业的法律法规。直播行业法律法规颁布的目的是保护消费者的权益，维护市场秩序，确保直播内容合法合规。因此，直播选品要遵守直播行业法律法规，例如《国家广播电视总局关于加强网络秀场直播和电商直播管理的通知》《互联网直播营销信息内容服务管理规定（征求意见稿）》《网络直播和短视频营销平台自律公约》《视频直播购物运营和服务基本规范》《互联网直播服务管理规定》等，不得发布虚假宣传信息，不得销售假冒伪劣产品，保证直播选品的真实性和合法性。另外，直播平台也应加强审核监管，对涉及违法违规内容的直播进行整改，并对相关产品进行下架，这样有助于促进行业的健康发展。

二、直播选品的依据

直播选品的决策不应以个人主观意见或偏好为基础，而应以客观事实和数据作为支撑。只有在综合分析直播间的优势和市场需求之后，才能做出选品决策。具体来说，直播选品的依据如图3-2所示。

图3-2 直播选品的依据

三、直播选品的工具

为了使直播选品工作更高效，给直播间带来更大的流量和更高的转化率，直播团队在选品时可以利用一些直播选品工具。直播选品工具主要包括第三方直播选品工具和直播平台后台选品工具。

（一）第三方直播选品工具

第三方直播选品工具主要包括蝉妈妈、飞瓜数据、抖查查等。

1. 蝉妈妈

蝉妈妈是一个针对短视频平台的一站式数据分析服务平台。通过蝉妈妈，达人、机构、品牌和商家可以实时监控直播带货数据、直播转化数据、直播间用户停留数据等，进而可以通过大数据分析进行精准营销。图3-3所示为蝉妈妈直播实时监控模拟界面。

图3-3 蝉妈妈直播实时监控模拟界面

2. 飞瓜数据

飞瓜数据是一个短视频及直播数据查询、运营及广告投放效果监控的专业工具，提供抖音数据、快手数据、B站数据等，包括热门视频、音乐、抖音排行榜、快手排行榜、电商数据、视频监控、商品监控等功能。图3-4所示为飞瓜数据抖音直播监控模拟界面。

图3-4 飞瓜数据抖音直播监控模拟界面

3. 抖查查

抖查查是一个短视频、直播电商数据分析平台，提供直播流量大盘、直播数据详情、直播商品详情等数据。图3-5所示为抖查查热销商品推荐界面。

图3-5 抖查查热销商品推荐界面

（二）直播平台后台选品工具

通常直播平台后台也可以帮助商家进行选品，如抖音直播平台的后台工具抖店，能够为商家提供市场数据、竞争数据等，从而帮助商家了解当下最适合销售的商品类目。图3-6所示为抖店的商品类目数据界面，通过该界面，商家可以了解当下最受欢迎的同类型商品，从而帮助其做出选品决策。

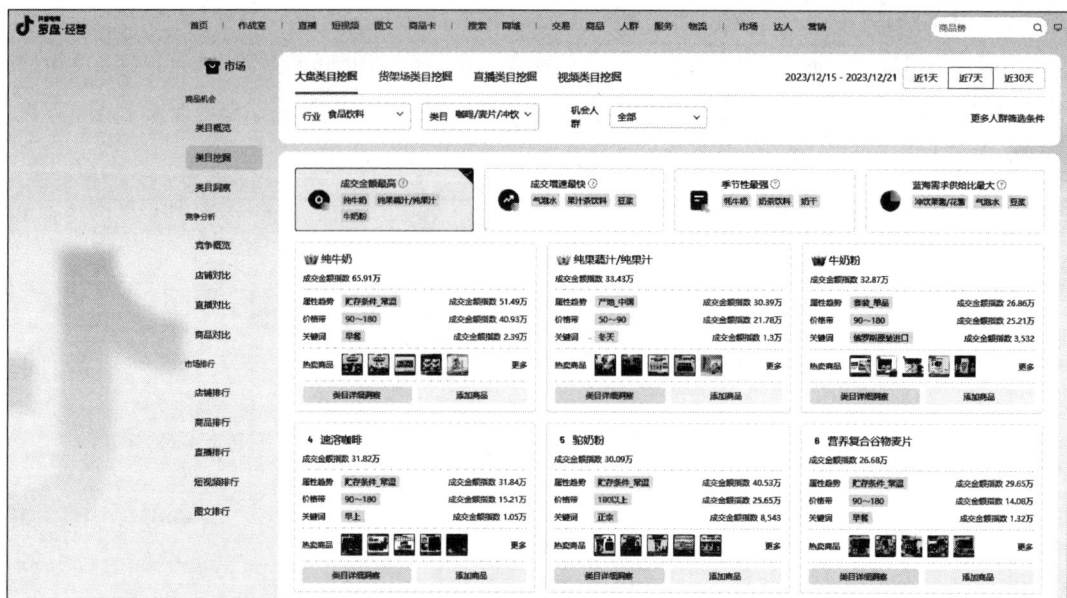

图3-6　抖店的商品类目数据界面

任务实施：休闲零食店铺直播选品

任务背景

临近春节，某休闲零食电商店铺准备在抖音平台开展一场"休闲零食促销"直播活动，老板安排直播运营人员赵亮完成这场直播活动的选品工作，请你协助赵亮完成这项任务。

任务操作

休闲零食店铺直播选品，可参照如下步骤进行。

步骤1：分析消费者需求

在直播选品之前，首先要对消费者需求进行分析。通过分析消费者需求，可以判断哪些产品符合消费者的喜好和需求，从而选择他们真正需要的产品。

赵亮通过搜集当下休闲零食行业发展状况相关的资料，了解当前消费者对休闲零食的需求状况。从智研咨询发布的《2023—2029年中国休闲零食行业市场运营态势及投资战略规划报告》来看，我国休闲零食市场的细分产品种类丰富，其中风味零食的市场占比最大，为38%；而风味零食包含多种零食类型，其中占比较大的是肉类零食和咸味零食，占比分别为10%和8%，如图3-7所示。肉类零食中含有较为丰富的蛋白质，因此深受消费者喜爱。尤其是近几年健康文化兴起，消费者对低脂肪、高蛋白的肉类食品的消费热情较高，因此肉类零食的消费需求较多。

随着经济条件的持续改善，以及近年来健康文化、养生文化等的快速兴起，人们的健康意识普遍增强，消费者对休闲零食的健康和营养需求也快速增加。越来越多的人在选择休闲零食时也会考虑其成分，是否低热量、低脂肪、低糖逐渐成为消费者的重要考虑因素。其中，零反式脂肪酸零食的销售额增速最快，同比增速达103%；其次是零色素零香精的零食，其增速达74%，如图3-8所示。

由此可以看出，当前消费者对风味零食的需求较大，且对零反式脂肪酸零食、零色素零香精零食的需求较大，因此，赵亮结合店铺直播营销需求，决定在风味零食这个细分市场中选择零反式脂肪酸、零色素零香精的零食产品，以满足消费者需求。

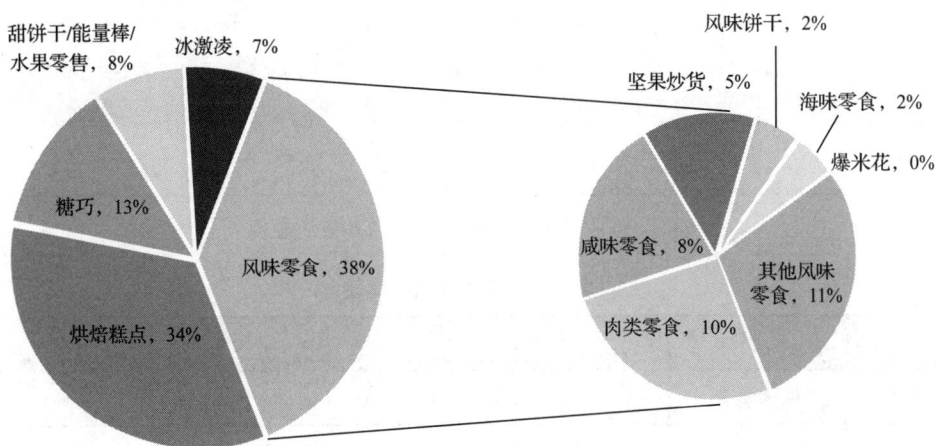

图3-7　中国休闲零食细分市场占比

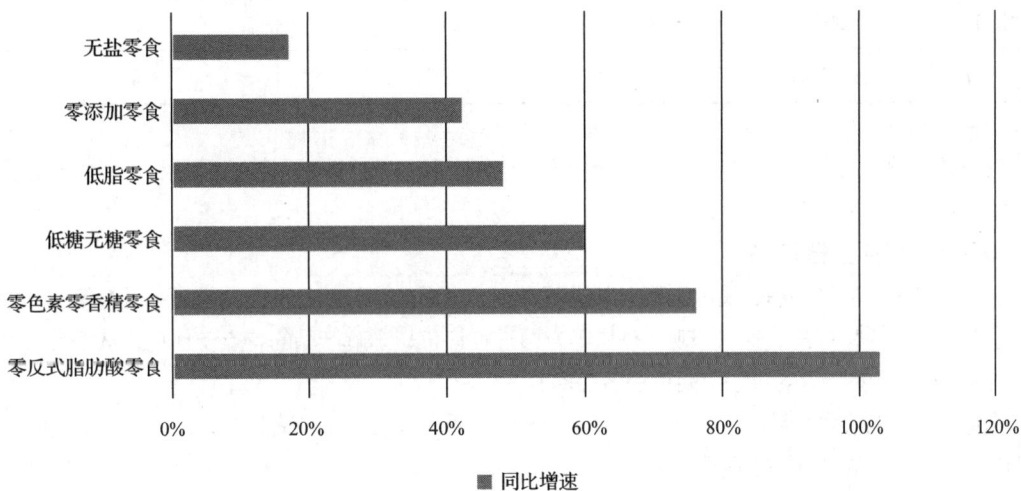

图3-8　健康化零食销售额同比增速

步骤2：筛选直播产品

明确市场发展现状及消费者需求之后，接下来就可以进行直播产品的筛选了。在这个过程中，首先需要对细分市场中各种产品品类的销售趋势进行深入分析，寻找潜力大、热度高的产品品类作为目标。然后根据确定好的产品品类，对同类型、不同品牌的产品进行评估和比较，包括产品的特点、功能、质量、价格及评价等因素，以便选择到与消费者需求匹配度高的产品。

赵亮在飞瓜数据平台上搜索近一个月抖音商品搜索热度榜，商品品类选择为"食品饮料＞零食／坚果／特产"，搜索人数指数排名前五的零食如图3-9所示。

由图可以看出，无骨鸡爪、蛋糕、金松露、牛肉干和辣条的搜索人数指数、关联商品指数、关联内容曝光指数、点击热度指数、点击率、点击－成交转化率、成交指数等指标都非常高，说明在抖音直播平台，这五类零食比较受消费者喜爱。他继续对这五类零食进行评估和比较，得出表3-1的结果。

排名	搜索词	搜索人数指数	关联商品指数	关联内容曝光指数	关联商品曝光指数	点击热度指数	点击率	点击-成交转化率	成交指数	成交商品数量指数	竞争指数
01	无骨鸡爪	57.36w	3.20w	52.84w	51.89w	9.23w	15.09%	30.52%	97.78w	4706	16.45
02	蛋糕	47.61w	3.85w	18.54w	13.83w	3.42w	16.37%	13.04%	19.51w	4841	19.17
03	金松露	28.56w	7665	11.45w	10.52w	1.72w	12.62%	7.81%	5.85w	2112	10.16
04	牛肉干	21.47w	3.36w	18.53w	15.37w	3.72w	18.19%	18.94%	52.26w	4726	27.24
05	辣条	21.18w	5.02w	15.79w	15.52w	5.70w	31.75%	38.03%	28.55w	8544	31.13

图3-9　抖音搜索人数指数排名前五的零食

表 3-1　零食评估和比较

零食名称	类型	价格/元	是否零反式脂肪酸	是否零色素零香精
无骨鸡爪	风味零食	19.9	是	是
蛋糕	烘焙零食	39.9	否	是
金松露	糖巧零食	79.9	是	否
牛肉干	风味零食	28.8	否	否
辣条	风味零食	15.5	是	否

赵亮对五种零食进行了类型、价格、是否零反式脂肪酸、是否零色素零香精分析，最终筛选出了符合消费者需求的零食产品：无骨鸡爪。

步骤3：测评直播产品

筛选出候选直播产品后，需要分别对其进行详细、全面的测评。直播选品人员可以对筛选出的产品进行试吃测评，对其口感、外观、品质等方面进行评价，了解产品的特点及优势，从而准确判断产品是否符合预期，是否能够满足消费者需求。

无骨鸡爪分为多种口味，并不是所有口味的无骨鸡爪都能够被消费者喜欢，因此，赵亮要对每一种口味的无骨鸡爪进行试吃测评，了解其具体口感，从而确定出能够被大多数消费者喜欢的口味。赵亮对无骨鸡爪的试吃测评结果如表3-2所示。

表 3-2　无骨鸡爪试吃测评结果

零食名称	口味	口感	评价
无骨鸡爪	柠檬味	口感清新	酸甜爽口，清爽解腻
	麻辣味	又麻又辣	有点偏辣
	酸辣味	酸辣刺激，口感丰富	酸辣爽口
	咸味	原汁原味，味道清淡	口味简单，不够特别

步骤4：选择直播产品

测评结束后，根据筛选和测评结果，可以最终选择合适的直播产品。根据试吃测评结果，赵亮认为，麻辣味无骨鸡爪有点偏辣，对于接受不了辣味的消费者来说非常不适合；咸味无骨鸡爪虽然保持了鸡爪的原汁原味，但是和其他口味相比，味道过于简单，不够特别；而柠檬味无骨鸡爪酸甜爽口，清爽解腻，酸辣味无骨鸡爪酸辣爽口，与前两种口味相比口感更加丰富，因此赵亮决定选择柠檬味和酸辣味的无骨鸡爪作为此次直播的产品。

任务拓展

　　小郑是一家糕点电商公司的直播运营人员，近期公司计划在抖音直播平台开展一场"糕点促销"直播活动。小郑所在的公司主要销售的糕点有蛋糕、饼干、蛋卷、核桃酥、蛋黄酥、面包等，而此次直播小郑要负责选出一款价格较低且消费者喜欢的糕点。

　　请同学们根据本任务所学内容，帮助小郑完成直播选品工作。

　　首先，小郑需要筛选出抖音直播平台搜索热度较高的三种糕点产品。请你帮助小郑利用直播选品工具，获取糕点品类搜索热度排名前三的产品，并将其记录在下方空白处。

　　接下来，小郑需要对搜索热度较高的三款糕点类产品进行进一步筛选和测评。请同学们帮助小郑从价格、口感、口味、保质期等方面分析这三款糕点的优势和劣势，将分析内容填写至表3-3。

表3-3　三款糕点优劣势分析

糕点名称	价格／元	口感	口味	保质期

　　最后，根据以上分析和测评结果，帮助小郑选出最适合本次直播的产品，并说明选择的原因，将其填写在表3-4中。

表3-4　选择产品和原因

选择糕点名称	选择原因

任务3.2　直播产品卖点提炼

👤案例导入

"晋富农"电商公司计划开展一场名为"浑源黄芪"的专场直播活动，旨在提升店铺浑源黄芪的曝光度和销量。老板安排李凌利用FABE（Feature、Advantage、Benefit、Evidence）法则完成浑源黄芪卖点的提炼，并将其组织成完整的卖点话术，为后续主播开展直播讲解提供话术支持。

李凌首先对FABE法则进行了仔细的研究，熟悉用FABE法则提炼产品卖点的主要流程。FABE法则是结合消费者对产品的需求层次，从一个产品的特征、优点、利益、证据四个方面入手，对该产品进行分析、记录，并整理成产品卖点。

接下来，李凌依据FABE法则提炼产品卖点，浑源黄芪卖点提炼结果如下。

F：富含多种营养成分，包括多糖、黄酮、氨基酸等。

A：有助于滋养肌肤、增加皮肤弹性。

B：能帮助人们改善肌肤状态，呈现健康亮丽的肌肤。

E：月销量超过1万袋。

最后，李凌根据提炼出的卖点信息，对浑源黄芪的卖点进行了话术组织，并使用了构建使用场景的表达方式，让卖点内容更有吸引力。

【案例思考】

通过阅读案例，思考并回答以下问题：

（1）什么是FABE法则？

（2）使用FABE法则提炼产品卖点的流程是什么？

📖任务知识

一、直播产品卖点提炼的方法

在直播销售的过程中，商家要对产品进行立体化的推广，围绕产品卖点，针对消费者需求进行产品介绍。因此，提炼产品卖点至关重要。一般来说，商家可以利用FABE法则和AIDMA法则进行产品卖点的提炼。

（一）FABE法则

FABE法则是结合消费者对产品的需求层次，从一个产品的特征、优点、利益、证据四个方面入手，对该产品进行分析、记录，并整理成产品卖点的销售法则。图3-10所示为FABE法则的具体内容。

利用FABE法则提炼产品卖点的步骤如图3-11所示。

第一步，列出产品特征，即产品的特质、特性等最基本的性质，以及它是如何满足消费者的各种需求的。

第二步，说出产品优点，即产品的特征所带来的与其他同类产品相比而具有的优势。

第三步，告诉消费者利益，即产品的优点能带给消费者的好处或利益。

第四步，证明或提出证据，即能证明产品优点和给消费者带来利益的证据，包括但不限于技术报告、国家相关部门的认可证书、消费者的评价、销量等。

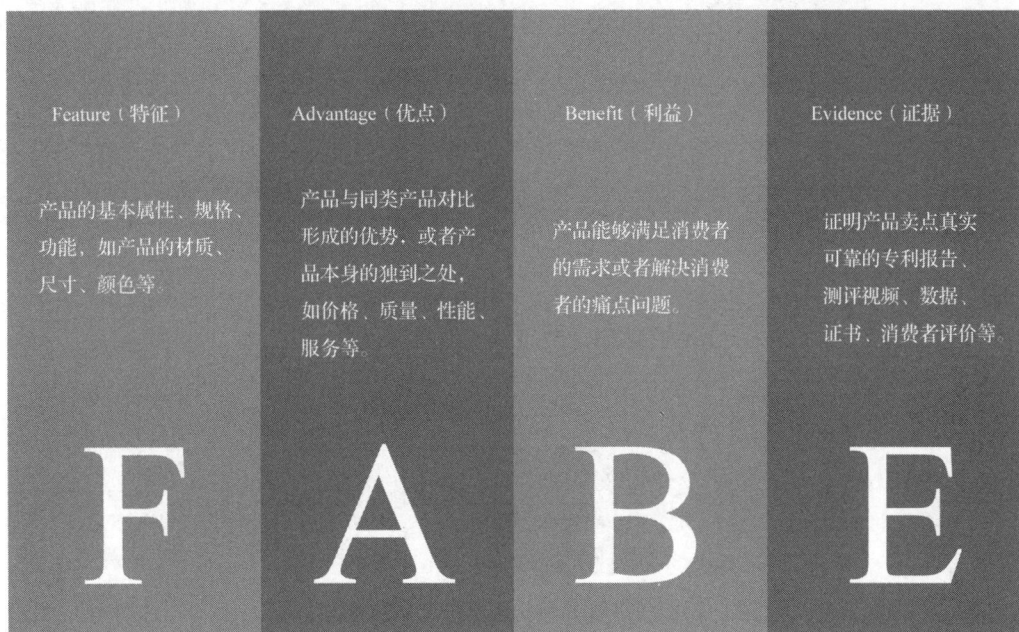

图3-10　FABE法则的具体内容

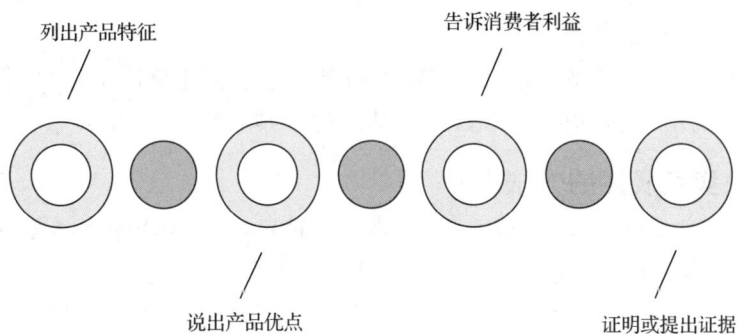

图3-11　利用FABE法则提炼产品卖点的步骤

（二）AIDMA法则

AIDMA法则是根据消费者购买产品时的心理过程，从注意、兴趣、欲望、记忆、行动五个方面入手，对消费者各个阶段的心理活动或行为方式进行深入剖析，并以此指导产品销售策略制定的销售法则，如图3-12所示。

图3-12　AIDMA法则的具体内容

利用 AIDMA 法则提炼产品卖点的步骤如图 3-13 所示。

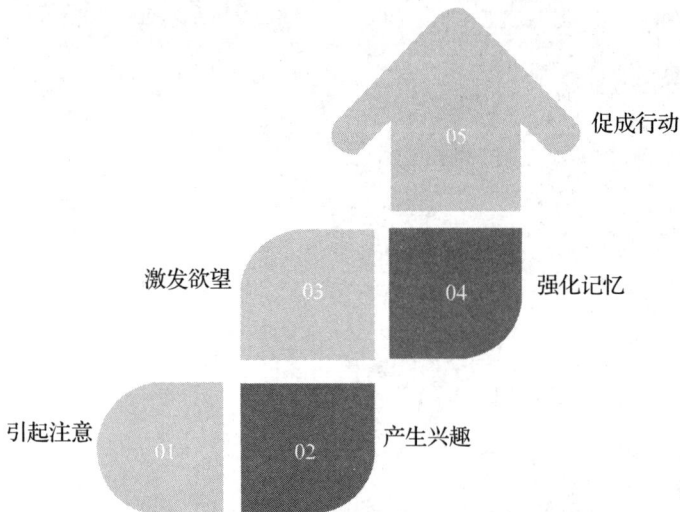

图3-13　利用AIDMA法则提炼产品卖点的步骤

第一步，引起注意。吸引消费者的注意力，让他们关注到产品。

第二步，产生兴趣。激发消费者的兴趣和好奇心，让他们进一步了解和关注产品。

第三步，激发欲望。让消费者产生购买产品的冲动。

第四步，强化记忆。让消费者记住产品品牌和特点，建立品牌形象和口碑。

第五步，促成行动。促使消费者采取购买行动，完成购买决策。

二、直播产品卖点表述的方法

提炼完直播产品卖点之后，主播需要对产品卖点进行组织，运用各种卖点表述的方法，持续输出高质量的内容，声情并茂地将产品关键信息传递给消费者。通常直播间产品卖点表述的方法有直述式讲解、构建使用场景、提出问题反问、同类产品对比、构建产品故事、引用数据证明等。

（一）直述式讲解

直述式讲解是指主播不做任何话术铺垫，直接、明确地向消费者讲解产品的卖点，包括产品的产地、材料、制作工艺、口味、评价、资质等，让消费者迅速了解产品卖点。

（二）构建使用场景

构建使用场景是指主播在介绍产品时基于消费者的需求，营造出符合消费者心理或适合消费者使用的场景，然后讲解自己的使用感受，层层递进吸引消费者，引出产品卖点。

（三）提出问题反问

提出问题反问是指主播在介绍产品时可以依据产品特点，提出消费者关注的问题并进行反问。通过抛出问题，引起消费者的共鸣，然后解决问题，最后引出产品，这样不仅能调动消费者的兴趣，还能击中消费者的痛点，刺激消费者产生购买行为。

（四）同类产品对比

同类产品对比是指主播在介绍产品时将其与其他同类产品进行比较，类比两款产品的细节。通过讲解两款产品材料、工艺、口感等方面的区别，打消消费者的顾虑，增加消费者对产品的信任感。

（五）构建产品故事

构建产品故事是指主播通过讲述产品相关故事，如产品的起源、背后的设计灵感或创作过程，以及与产品相关的真实故事或使用体验，以此来引起消费者的兴趣，激发其情感共鸣，从而传达产品的价值和独特性。

（六）引用数据证明

引用数据证明是指主播通过引用数据、研究结果或统计信息等，将产品的卖点和优势以客观、科学的方式呈现给消费者。这种讲解方式依靠实际数据和证据来证明产品的特点和优势，消费者更容易相信并接受产品的价值。例如，主播在讲解产品卖点时，可以引用产品销售数据、消费者评价数据、产品获奖数据等，增加消费者对产品的信任。

三、直播产品卖点组织的模型

主播首先要明确产品的核心要素，即"产品是什么"+"产品怎么样"+"产品怎么买"，然后围绕这三个核心要素组建话术模型。

（一）产品是什么

产品是什么，即产品的基本信息。主播可以对产品信息进行适当的删减、组合，把关键信息，如产品名称、产品知名度、产品的外观设计等传递给消费者。

（二）产品怎么样

产品怎么样是主播讲解产品的核心关键要素，主要包括产品的价格及价格优势、产品的核心功效卖点、消费者的正向评价等。

（三）产品怎么买

主播要向消费者说明产品在哪里购买，怎样购买。主播要结合话术及操作示范告知消费者下单的具体步骤，然后用话术促使消费者快速下单。

📚 任务实施：羊毛大衣卖点提炼 〰〰〰〰〰〰〰〰〰〰〰〰

任务背景

某女装店铺上新了一款羊毛大衣，老板计划借助抖音直播平台开展一场"羊毛大衣上新"直播活动。为了更好地展示羊毛大衣的卖点，他安排小周先对此次上新的羊毛大衣进行卖点提炼，请你协助小周完成这一任务。

任务操作

羊毛大衣卖点提炼，可参照如下步骤进行。

步骤1：了解目标受众

首先需要了解直播产品的目标受众，包括他们的年龄、性别、职业、兴趣爱好等基本信息，以及他们的消费习惯、购买需求等，可以通过市场调研、消费者调研等方式获取相关数据。

为了了解抖音直播平台消费者对于羊毛大衣的需求，小周通过飞瓜数据工具，获取了羊毛大衣直播成交消费者的画像，包括其性别分布、年龄分布及对羊毛大衣的关注点，结果分别如图3-14、图3-15和图3-16所示。

根据以上结果，小周发现羊毛大衣的消费者多为31～40岁的女性，她们对羊毛大衣的面料材质较为关注。

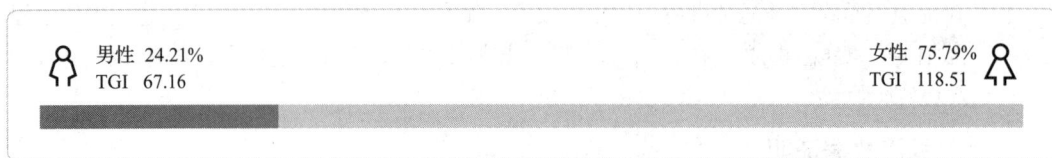

图3-14　消费者性别分布

男性 24.21%
TGI 67.16

女性 75.79%
TGI 118.51

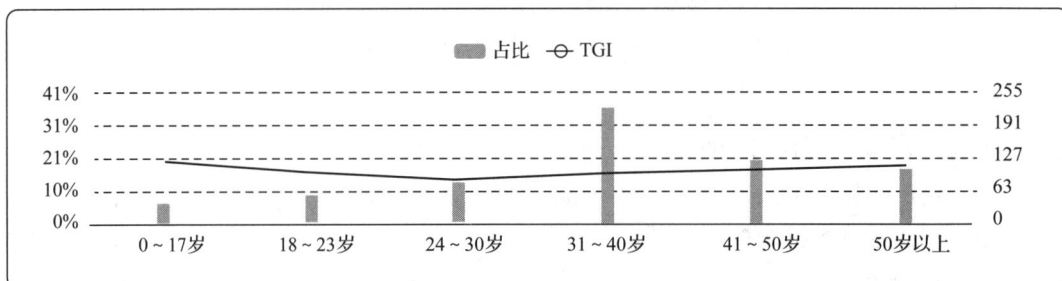

图3-15　消费者年龄分布

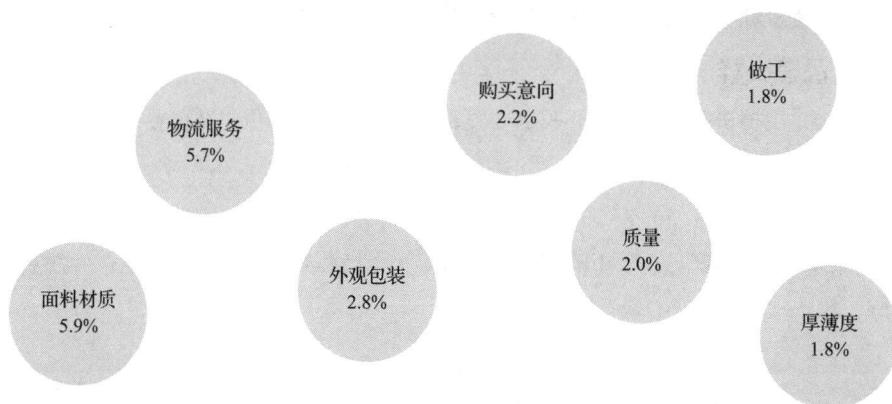

图3-16　消费者对羊毛大衣的关注点

步骤2：分析产品特点

了解了目标受众的画像后，小周对其需求有了一定的了解。接下来，他需要对羊毛大衣的特点进行全面的分析，包括产品的功能、品质、材质、做工等方面。此外，他还要考虑产品的竞争优势和特色，以及产品与目标受众的匹配程度。表3-5所示为羊毛大衣特点分析结果。

表3-5　羊毛大衣特点分析结果

特点	分析结果
功能	保暖功能强
品质	优质材料，耐久性强，抗皱，耐磨损，不易褪色或变形
材质	采用天然羊毛纤维作为原料
做工	精细的缝线和纽扣，牢固耐用
质感	表面细腻光滑，具有良好的质感

特点	分析结果
厚度	保证保暖性的前提下轻薄舒适
保暖性	采用天然的羊毛纤维制作，具有优异的保暖性能
柔软度	弹性好，柔软舒适
透气性	具有良好的透气性，可以吸湿排汗，保持身体的干燥和舒适
耐久性	具有较高的强度和耐磨损性，不易变形和起球

步骤3：挖掘产品卖点

根据目标受众的需求和产品特性，挖掘产品卖点，即其与其他产品相比的优势和独特之处。

根据对羊毛大衣特点的全面分析，小周对羊毛大衣的功能、品质、材质、做工、质感等方面有了全面的认识。接下来，小周以消费者最为关注的面料材质为切入点，利用FABE法则进行卖点提炼，表3-6所示为羊毛大衣卖点提炼结果。

表3-6　羊毛大衣卖点提炼结果

卖点提炼	F（特征）	A（优点）	B（利益）	E（证据）
卖点	采用天然羊毛纤维	具有优异的保暖性能	能够阻止寒冷空气的侵入，让人在寒冷的冬季依旧感到温暖	冬季月销量超过10万件

步骤4：组织产品卖点

将提炼出的产品卖点整理并组织成有吸引力的语言和形式，使其更容易被目标受众接受和理解。

小周决定使用构建使用场景的方法组织羊毛大衣的卖点，组织好的卖点话术为："大家好！今天我给大家介绍的是我们家的羊毛大衣，它是您在寒冷冬季的绝佳选择。我们家这款羊毛大衣采用天然羊毛纤维，具有非常优异的保暖性能。在户外活动时，您可能会面临极低的气温和刺骨的寒风，而我们家这款羊毛大衣能有效阻挡寒冷空气的侵入，让您在寒冷的冬季依旧感到温暖。无论是徒步、滑雪，还是郊游、旅行，穿上我们家这款羊毛大衣，您都将感受到温暖的呵护，可以尽情享受户外活动的乐趣。这款羊毛大衣冬季的月销量达到了10万件，非常抢手哦！"

任务拓展

小郑是一家糕点电商公司的直播运营人员，近期公司计划在抖音直播平台开展一场"榴莲千层蛋糕超值放送"直播活动。老板安排小郑先对榴莲千层蛋糕进行卖点分析与提炼，找出榴莲千层蛋糕的优势。

请同学们根据本任务所学内容，帮助小郑提炼出榴莲千层蛋糕的卖点。

小郑首先需要对榴莲千层蛋糕进行产品特点分析，包括其口感、风味、原料、甜度、配料、制作工艺等，请将分析结果填写在表3-7中。

完成产品特点分析后，需要提炼产品卖点。请帮助小郑利用FABE法则提炼榴莲千层蛋糕的卖点，完成表3-8。

表 3-7　榴莲千层蛋糕特点分析

特点	分析
口感	
风味	
原料	
甜度	
配料	
制作工艺	

表 3-8　利用 FABE 法则提炼榴莲千层蛋糕的卖点

卖点提炼	F（特征）	A（优点）	B（利益）	E（证据）
卖点				

完成榴莲千层蛋糕卖点提炼后，需要组织卖点表达话术。请帮助小郑使用直述式讲解、构建使用场景、提出问题反问、同类产品对比、构建产品故事、引用数据证明的方法，组织出榴莲千层蛋糕的卖点表达话术，并将其填写在表 3-9 中。

表 3-9　榴莲千层蛋糕卖点表达话术

卖点表述方法	话术
直述式讲解	
构建使用场景	
提出问题反问	
同类产品对比	
构建产品故事	
引用数据证明	

任务3.3　直播产品话术

案例导入

为了提升产品曝光度和销量，"晋富农"电商公司决定开展日常直播销售活动。该企业运营人员选择了一位具有很高人气的农产品博主作为主播，并将直播设置在晚间黄金时间段，以吸引更多观众参与。

该农产品主播在直播前先对直播流程进行了解，并熟练掌握了直播内容。在对直播产品进行推介时，主播以自己的专业知识、技能为基础，使用幽默且专业的语言表达方式，以产品外观展示及试吃评价，对产品基本属性及优势进行讲解，突出产品价值，便于观众理解产品基本信息。同时，为了带给观众沉浸式的观看体验，使观众能够更加全面深切地了解产品在实际生活中的用法，主播还通过构建使用场景、同类产品对比的技巧，充分展现产品的竞争优势，吸引观众购买。另外，为了提升观众的参与积极性，拉近与观众之间的距离，和观众进行良好的沟通交流，主播还通过弹幕互动的形式，及时了解观众在购物过程中的疑虑，帮助观众答疑解惑。设置的抽奖、红包雨、福利秒杀等环节，则进一步丰富了直播内容，激发观众参与直播活动的兴趣，营造出更加热烈的直播氛围。

通过直播销售，主播提供的专业产品推介和产品实际用法展示，让观众了解了该企业产品的特点及优势，并从中获取了专业的购买建议；直播期间的互动和活动，则增强了观众对企业的好感度与信赖感，产品销售额也因此得到了有效提高。

【案例思考】

通过阅读案例，思考并回答以下问题：

（1）案例中的农产品主播是如何进行直播产品讲解的？

（2）通过案例内容，你认为如何才能设计出精彩的直播话术？

任务知识

一、直播产品话术的类型

直播产品话术能够帮助主播与观众建立有效的沟通和联结，提升直播的吸引力、信息传递效果和互动参与度。通过精心设计并运用恰当的话术，主播可以提升直播活动的质量和影响力。按照整场直播的实施流程，直播产品话术可以分为以下几种类型。

（一）直播开场话术

直播开场话术是指在直播开始时，主播使用的一系列开场用语和对观众的欢迎词，包括自我介绍话术和开播欢迎话术。

1. 自我介绍话术

自我介绍话术通常用于主播向观众介绍自己，其内容包括主播的名字、职业、爱好等信息。它可以让观众更好地了解主播的身份和背景，与主播建立起联结。

例如："大家好，我是××，一个热爱美食的美食主播，很高兴能在这里与大家分享美食产品，希望能带给大家不一样的美食体验。"

2. 开播欢迎话术

开播欢迎话术用于向观众表示欢迎和感谢，可以让观众感受到主播的热情和关怀。开播欢迎话术还可以包括提醒观众点赞、关注和分享，以及告知观众本次直播的主题和内容。

例如："欢迎大家来到直播间，感谢大家的支持与捧场，希望今天的直播能给大家带来愉快的体验和一段有趣的时光。"

（二）直播推介话术

完成直播开场后，为了能够让观众驻足直播间购买产品，主播需要进行直播产品推介。直播推介话术包括产品介绍话术、产品活动介绍话术和产品促单话术。

1. 产品介绍话术

产品介绍话术用于主播向直播间的观众详细介绍并展示产品的特点、功能、用途及与其他产品的对比结果，让观众更了解产品的价值和适用性。

例如："这款护肤品是纯天然植物提取的，无刺激成分，能有效改善肌肤问题，并且经过严格的测试，安全可靠，适合各类肤质的人使用。"

2. 产品活动介绍话术

产品活动介绍话术用于主播向直播间的观众详细介绍产品活动的具体信息，让观众了解活动的开展方式，提高观众参与活动的积极性，吸引观众购买。

例如："朋友们，这款手撕牛肉嚼劲十足，活动期间下单，买一送一。优惠活动截止到今晚 12 点，过了就恢复原价，有需求且喜欢这款小零食的朋友们要抓紧时间下单啦。"

3. 产品促单话术

产品促单话术是在销售过程中使用的一系列语言技巧，旨在促使潜在客户购买。

例如："这款迷你烤香肠是直播间的热销产品，今天数量不多，只有 300 件的库存。喜欢吃烤香肠的朋友们不要犹豫了，产品数量有限，而且今晚过后就恢复原价，欲购从速哦。"

（三）直播互动话术

直播互动话术是指主播与观众进行实时互动，回复观众的问题、评论和建议，增加互动性的表述。它包括产品答疑话术、引导关注话术和活动参与话术。

1. 产品答疑话术

产品答疑话术用于主播邀请观众在评论区发布关于产品的问题并及时进行解答，以打消观众的顾虑，增加观众的信任。

例如："大家有任何问题或者想要了解更多关于这款产品的信息，随时在弹幕中提出来，我会尽快回答你们的。"

2. 引导关注话术

引导关注话术用于主播引导直播间的观众关注直播间或关注自己的社交媒体账号等，以扩大后续直播间的观众群，增加潜在购买者。

例如："如果大家喜欢我的直播，记得点击右上角的关注按钮，这样就不会错过我后续的直播了。"

3. 活动参与话术

活动参与话术用于主播组织各种活动，引导观众积极参与进来，从而提高直播间人气。

例如："今天有店铺周年庆活动，购买零食满 100 元减 30 元，朋友们点击 2 号链接即可领取店铺优惠券，下单立减哦。"

（四）直播下播话术

直播下播话术是指主播在即将结束直播时对观众表达感谢并预告下次直播的时间和内容，与观众进行礼貌告别的话术。它包括表达感谢话术、直播预告话术和直播告别话术。

1. 表达感谢话术

表达感谢话术用于在下播前，主播对直播间的观众表达感谢之情，让观众感受到主播的真诚，从而给观众留下一个好印象。

例如："今天直播间氛围非常好，真的非常感谢大家对我们直播间的支持！你们的观看和支持是我们做好每一场直播的动力，我们一定会为大家带来更多、更好的直播！"

2. 直播预告话术

直播预告话术用于在直播即将结束时，主播向观众告知下次直播的具体时间和内容，确保观众能够知晓下次直播的信息。

例如："我们的直播马上就要结束了，明天晚上 8:30，我们还会继续在直播间等待大家的到来哦！"

3. 直播告别话术

直播告别话术用于在直播接近尾声时，主播对观众进行礼貌告别，让观众有始有终地观看完本场直播。

例如："我们的直播马上就要结束了，这会儿已经很晚了，大家要记得早点休息哦！希望大家不要熬夜，今晚睡个好觉！晚安，各位，我们下次见。"

二、直播产品话术设计的方法

一场完整的直播往往包含直播开场、直播推介、直播互动、直播下播等环节。每个环节都涉及相应的话术，而话术是否恰当、是否有吸引力，会对直播效果产生直接影响。

（一）直播开场话术设计方法

直播开场话术是为了在直播开始时吸引观众的注意力，并与他们建立情感联结。直播开场话术设计方法如表 3-10 所示。

表 3-10　直播开场话术设计方法

直播开场话术	设计方法
自我介绍	①简练且突出亮点。自我介绍简洁有力，强调个人的亮点和特长。例如，可以强调自己的专业经验、获得的荣誉，或者在某个领域的特殊成就。 ②使用幽默和风趣的语言。在自我介绍中加入适当的幽默和风趣的语言，能够吸引观众的注意力。例如，可以分享有趣的故事
开播欢迎	①礼貌欢迎。使用礼貌用语，通过直播间和主播介绍、观众欢迎与感谢表达，与观众建立沟通，让观众了解直播间的功能并认识主播，迅速拉近与观众之间的距离，增加观众的好感度。 ②强调直播亮点。在开播欢迎中强调本次直播的亮点和特色，让观众了解他们可以得到什么，增加其对直播的兴趣

（二）直播推介话术设计方法

直播推介话术是为了让观众驻足直播间并购买产品。直播推介话术设计方法如表 3-11 所示。

表 3-11 直播推介话术设计方法

直播推介话术	设计方法
产品介绍	①强调产品性价比。突出产品的价值。 ②突出产品工艺水平。通过介绍先进的产品制造工艺来突出产品。 ③传递产品品牌价值。通过介绍品牌成立时间、品牌口碑、品牌影响力等来突出产品。 ④赋予产品情感价值。通过讲述品牌故事、品牌发展历程等，向观众传递产品价值
产品活动介绍	①说明产品活动形式。向观众介绍活动的形式，例如店铺下单满 100 元减 10 元，借助低价优势打动观众，进一步提高产品销售额。 ②强调产品活动规则。向观众强调产品促销规则，如买一送一、第二件半价等，让观众了解活动规则，从而保证活动顺利开展，达到不错的活动效果。 ③突出产品优惠力度。反复强调直播间产品的优惠力度，例如福利价格、五折、超值优惠、购买即送其他产品等
产品促单	①营造紧张氛围。通过营造紧张的直播间氛围，影响观众情绪，引导观众购买产品。通常可以使用今天库存不多、优惠时间有限等话术来营造紧迫氛围。 ②反复强调核心卖点。在促单的时间段，要尽可能简单快速地重复产品的核心卖点，将之前介绍产品卖点的话术进行总结概括，加深观众对产品卖点的记忆。 ③强调产品保障。向观众介绍产品的包装、物流服务等信息，进一步打消观众对产品的疑虑；也可以详细说明产品提供的售后服务，如 7 天无理由退换，让观众放心下单

（三）直播互动话术设计方法

直播互动话术是为了活跃直播间氛围，让主播与观众建立良好的互动关系。直播互动话术设计方法如表 3-12 所示。

表 3-12 直播互动话术设计方法

直播互动话术	设计方法
产品答疑	①针对性提问。通过提问的方式引导观众提出问题。可以在答疑开始时提出一些常见问题，并鼓励观众在评论区提问，以便整理和解答。 ②分类回答。根据主题对问题进行分类回答。可以将相似的问题整理在一起，统一回答，确保答疑过程有条不紊。 ③提供详细解答。针对每个问题，提供详细的解答。解答内容可以包括产品的功能、使用方法、注意事项、材料、尺寸等相关信息，让观众对产品有更全面的了解。 ④使用示范和演示。对于一些需要讲解操作的问题，可以通过示范或者演示的方式来回答
引导关注	①强调好处。说明观众关注后能够享受到的优惠、福利或者特权，让他们感到关注是一个有利的行为，能够带来实际的利益。 ②告知方法。直接向观众介绍关注直播间、主播的具体流程，并悉心引导观众完成关注操作
活动参与	①介绍参与方式。详细告知观众活动开展的形式、参与方式等。 ②告知活动力度。告知观众参与活动能够得到何种物质上的回报，直接说出观众所能得到的利益

（四）直播下播话术设计方法

直播下播话术是为了对观众表达感谢，预告下次直播的时间和内容，并与观众礼貌告别。直播下播话术设计方法如表3-13所示。

表3-13 直播下播话术设计方法

直播下播话术	设计方法
表达感谢	①直接表达感谢。直接说出礼貌用语，如用"感谢大家的观看""谢谢大家的支持"等话术，向观众表达感谢。 ②点名感谢。可以选择一直观看直播的粉丝、发评论或弹幕互动的粉丝，以及结束时还留在直播间的粉丝，直接点出其名字表达感谢，以增加和老粉丝的亲近感。 ③发放福利。在下播前，可以给观众发放一定的直播福利，让观众真实地感受到主播的真诚
直播预告	①介绍下一场直播。详细介绍下一场直播的时间、直播产品、直播福利、直播平台等，让观众能够准时观看。 ②反复强调。多次重复下一场直播的信息，加深观众对下一场直播的记忆
直播告别	①表达留恋之情。利用礼貌留恋观众的话术，如"时间过得太快""舍不得大家"等，表达出对观众的不舍之情，让观众对直播间和主播也产生留恋感，加深观众对直播间的印象。 ②送出祝福语。可以向观众送出祝福，如"祝大家天天开心""晚上睡个好觉"，让观众感受到来自主播的温暖

三、直播产品话术设计的要点

直播产品话术设计的最终目的是让观众建立对主播和推荐产品的信任，同时唤起观众的消费需求，并促使他们做出购买决策。为达到这一目的，直播团队应根据观众的期望、需求、动机等，以契合观众心理需求的方式来呈现产品特点，从而吸引观众的关注和兴趣。直播产品话术设计要点主要有以下几个。

（一）符合主播人设

直播产品话术设计要符合主播人设，这样才能更好地契合主播的形象和个性，增加观众对主播的认同感和亲近感，增强直播的营销效果。例如，如果主播是一个年轻活泼的穿搭博主，话术可以采用轻松幽默的口吻，运用流行网络用语，分享最新的时尚趋势和搭配技巧。

（二）使用口语化表达

相比于正式的书面语表达，口语化表达是更加贴近真实生活的表达方式，能够帮助主播拉近与观众之间的距离。尤其是在产品讲解的过程中，主播可以用更加口语化的方式讲解产品的功能、特点、品质等，让观众能够轻松了解产品信息，从而更容易产生购买行为。相反，如果主播直接念出产品文案，观众则会感到枯燥和无聊，进而失去对产品的兴趣。

（三）搭配肢体语言

在产品介绍过程中，主播要加入合适的肢体语言。合适的肢体语言可以增加直播产品介绍的生动性和亲切感，提升观众的参与度和购买意愿。在直播过程中，主播可以通过全方位展示产品细节、亲自试吃或试用产品、灵活运用手势等方法来介绍产品。例如，在介绍无骨鸡爪时，主播可以将不同口味的无骨鸡爪都打开，然后在介绍时试吃相应口味的鸡爪，并告知观众每种口味的鸡爪的口感和味道。

（四）加入面部表情

在直播过程中，主播需要加入合适的面部表情。面部表情是主播与观众直接"接触"的方式之一，能够更好地传达主播的情感并吸引观众的注意力。例如，主播可以运用微笑来展示友好和亲切的态度。无论是在介绍产品的特点或价格，还是在回答观众的提问，保持微笑都能让观众感受到主播的热情和积极性。主播还可以根据产品的特点和描述展示相应的面部表情。例如，当主播介绍到产品的独特之处时，可以用惊讶的表情来突出表现，让观众感受到产品的独特性。

（五）控制语速、语调

在直播过程中，主播需要控制语速和语调，这对于改善观众的听觉体验和观看体验都至关重要。首先，主播应该避免说话过快或过慢，而是要选择一个适中的语速，以确保观众能够清晰地听到并理解主播所介绍的内容。语速过快可能导致观众难以跟上，无法理解关键信息，语速过慢则可能会让观众感到无聊或转移注意力。其次，主播要注意语调的变化，以提高表达的丰富性和吸引力。通过调整语调的高低和说话的节奏，主播可以传递出不同的情感和信息。例如，当介绍产品的优点和特点时，可以使用较高的语调和强烈的语气来突出重点；当引导观众进入互动环节时，可以使用轻松愉快的语调来传递互动的趣味性。

任务实施：棉柔纸巾直播话术设计

任务背景

某家居店铺老板计划借助抖音平台开展一场"棉柔纸巾超值放送"直播专场活动，他安排主播小敏进行棉柔纸巾直播话术的设计，请你协助小敏完成这项任务。

任务操作

棉柔纸巾直播话术设计，可参照如下步骤进行。

步骤1：了解目标受众

首先需要对目标受众进行深入的了解，包括其年龄段、兴趣爱好、购买习惯等信息，以便能够有针对性地设计话术，吸引他们的注意力并满足他们的需求。

小敏首先要对棉柔纸巾的目标受众进行了解，包括目标受众的性别和年龄分布、其对棉柔纸巾的关注点和评价等，从而根据目标受众的喜好和需求，有针对性地设计棉柔纸巾直播话术。小敏在抖查查平台获取了棉柔纸巾的目标受众画像，图3-17、图3-18、图3-19分别为目标受众的性别分布、年龄分布及其对棉柔纸巾的关注点。

由此可见，此次直播的目标受众年龄分布范围广，但主要为31岁以上的女性，她们最关注棉柔纸巾的吸水性。

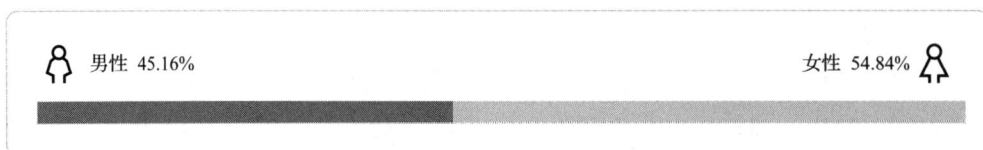

男性 45.16%　　　　　　　　　　　　　　　　　　　　女性 54.84%

图3-17　目标受众性别分布

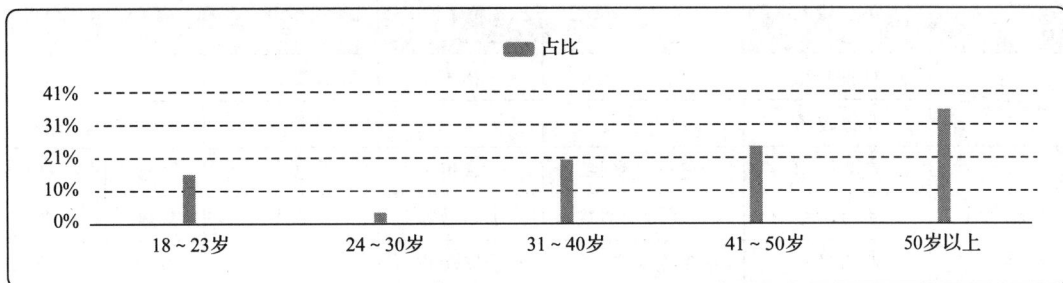

图3-18　目标受众年龄分布

图3-19　目标受众对棉柔纸巾的关注点

步骤2：分析直播产品

完成目标受众分析后，小敏明确了目标受众对棉柔纸巾的关注点——吸水性，并将其确定为此次直播讲解的重点。为了更好地突出棉柔纸巾的吸水性，小敏从棉柔纸巾的材质、结构、技术、工艺等方面进行了详细的分析，如表3-14所示。

表3-14　棉柔纸巾吸水性分析

因素	原因分析
材质	采用高质量的纤维材料制作，如天然木浆、纸浆或再生纸浆。这些纤维材料具有较高的亲水性，可以更好地吸收水分
结构	纸巾采用纤维结构，而纤维直径大，可以提供更大的表面积和间隙，有助于水分迅速渗透和被吸收
技术	纸巾表面进行特殊处理，如微孔处理或涂层处理。这些处理技术能够增加纸巾表面的吸水能力和渗透性，使水分更容易被吸收
工艺	采用高效的纸浆造纸工艺，可以提升纤维的黏结度和纸巾的整体质量，使纸巾更好地吸收水分

步骤3：策划话术表达方式

分析完直播产品后，要根据目标受众和产品特点，策划合适的话术表达方式。小敏按直播实施流程，将这场直播划分为四个环节——直播开场、直播推介、直播互动和直播下播，并对这四个环节分别进行直播话术表达方式的策划，如表3-15所示。

表 3-15 直播话术表达方式策划

直播环节	话术类型	话术表达重点	肢体动作	面部表情	语速	语调
直播开场	自我介绍	幽默风趣	招手	微笑	适中	平和
	开播暖场	礼貌欢迎	—	微笑	适中	平和
直播推介	产品介绍	突出吸水性	试用	惊喜	较慢	上升
	产品活动介绍	强调活动力度	手部动作	惊喜	较慢	上升
	产品促单	营造紧张感	手部动作	紧张	较快	上升
直播互动	产品答疑	详细解答	示范演示	微笑	较慢	平和
	引导关注	强调好处	示范演示	微笑	较慢	上升
	活动参与	反复强调	—	惊喜	较慢	上升
直播下播	表达感谢	点名感谢		微笑	适中	平和
	直播预告	反复强调		微笑	适中	上升
	直播告别	表达留恋	挥手	微笑	较慢	平和

步骤4：设计话术

完成直播话术表达方式的策划后，要根据策划的结果，设计出具体的直播话术。在设计具体的直播话术时，需要注意语言的流畅度、吸引力和说服力。小敏打算使用简洁明了的句子，避免过多的专业术语，采用通俗易懂的口语化表达方式，以增加直播的生动性和吸引力。表 3-16 所示为小敏设计的直播话术。

表 3-16 小敏设计的直播话术

直播环节	话术类型	话术
直播开场	自我介绍	大家好，我是本场"棉柔纸巾超值放送"直播专场活动的主播小敏。希望我们的纸巾可以为你们带来干燥舒爽的享受
	开播暖场	欢迎大家来到直播间，感谢大家的支持与捧场，希望今天能与大家共度一段愉快的时光
直播推介	产品介绍	今天我给大家带来一款吸水性超强的棉柔纸巾。这款棉柔纸巾为什么有这么好的吸水性呢？有几个原因。首先是因为它采用高质量的纤维材料制作，具有较高的亲水性，可以更好地吸收水分。其次，这款棉柔纸巾采用纤维结构，纤维直径大，可以提供更大的表面积和间隙，有助于水分迅速渗透。另外，这款棉柔纸巾表面进行了特殊处理，如微孔处理，这提升了纸巾表面的吸水能力和渗透性，使水分更容易被吸收。最后，这款棉柔纸巾在加工过程中采用了高效的纸浆造纸工艺，提升了纤维的黏结度和纸巾的整体质量，使它能够更好地吸收水分
	产品活动介绍	今天我们直播间给大家带来了非常大的优惠，直播间下单棉柔纸巾买一送一，相当于五折优惠！一年就一次机会哦
	产品促单	我们直播间这款棉柔纸巾库存有限，只有最后50单库存了！大家可以拼一拼手速，手速慢可能就抢不到了哦

直播环节	话术类型	话术
直播互动	产品答疑	评论区有很多人问这款棉柔纸巾会不会容易起毛。这一点我给大家详细解答一下。这款棉柔纸巾采用高质量的纤维材料制作，具有较好的材质稳定性，不易产生杂质和细小纤维。另外，这款棉柔纸巾的制作还采用了高效的纸浆造纸工艺和精细加工工艺，可以保持纤维的稳定性和结构完整性，减少纤维的断裂和起毛情况
	引导关注	喜欢直播间或主播的朋友可以点击直播页面左上角的红色"关注"按钮，关注直播间或主播哦
	活动参与	今天直播间买一送一哦！重要的事情主播说三遍：今天棉柔纸巾买一送一，今天棉柔纸巾买一送一，今天棉柔纸巾买一送一！大家不要错过了，快快下单吧
直播下播	表达感谢	感谢昵称为 ×× 和 ×× 的朋友，谢谢你们的购买与陪伴，主播非常开心
	直播预告	直播间的小伙伴们，大家一定要记好时间哦，下一场直播是明天晚上 8:30！明天晚上 8:30！明天晚上 8:30！大家一定要来哦
	直播告别	今天和屏幕前的各位朋友相处得非常愉快，时间过得可真快呀，真的非常舍不得各位朋友！明天晚上 8:30，我们再见

任务拓展

小秦是一名零食爱好者，同时也是某公司一名资深的零食主播。近期，公司准备开展一场"辣条狂欢节"直播活动。为了顺利开展这场直播活动，小秦需要提前设计好直播话术。

请同学们根据本任务所学内容，扫描右侧二维码，获取并阅读辣条产品信息，帮助小秦设计出"辣条狂欢节"直播活动的直播话术，完成表 3-17。

辣条产品信息

表 3-17　直播话术设计

直播环节	话术类型	话术表达重点	肢体动作	面部表情	语速	语调	话术
直播开场	自我介绍						
	开播暖场						
直播推介	产品介绍						
	产品活动介绍						
	产品促单						

直播环节	话术类型	话术表达重点	肢体动作	面部表情	语速	语调	话术
直播互动	产品答疑						
	引导关注						
	活动参与						
直播下播	表达感谢						
	直播预告						
	直播告别						

职业视窗

创建"绿色直播间"，规范直播营销活动

为了促进直播电商行业蓬勃、有序发展，我国多地开展了"深入学习贯彻党的二十大精神 推动直播电商行业高质量发展"论坛。直播电商平台作为直播营销活动的重要主体之一，是直播电商行业生态治理的重要一环。直播电商行业蓬勃发展的同时，相关从业企业被处罚等新闻也层出不穷，各类纠纷与日俱增，例如一些主播"无底线"带货，"低价"不低、"严选"不严，甚至销量造假、夸大宣传，因此创建"绿色直播间"、规范直播营销活动势在必行。

某当事人在抖音平台开设网店经营食品，其宣传推广的某款零食在其产品页面中以低脂为卖点，但经监管部门查实，该产品并没有达到低脂的要求，不符合国标 GB 28050—2011 的规定。当事人发布与产品实际成分不符的广告内容，属于《中华人民共和国广告法》第二十八条规定之情形，构成发布虚假广告的违法行为。依据《中华人民共和国广告法》第五十五条第一款之规定，相关部门责令当事人停止发布广告，在相应范围内消除影响，并处罚款，上缴国库。

为了杜绝虚假营销行为，切实保障消费者权益，创建良好的直播环境，我国相关法律法规对直播营销做出了要求。例如，《网络直播营销行为规范》（以下简称《规范》）是我国出台的第一部关于网络直播营销活动的专门规范，其对网络直播营销中的商家、主播、平台经营者、主播服务机构和其他参与者的行为提出了要求。

对商家的规定：商家应具有与所提供商品或者服务相应的资质、许可，并亮证亮照经营。

对主播的规定：主播在直播活动中，应当保证所述信息真实、合法，不得对商品和服务进行虚假宣传，欺骗、误导消费者。主播向商家、网络直播营销平台等提供的营销数据应当真实，不得以任何形式进行流量等数据造假，不得以虚假购买和事后退货等方式骗取商家的佣金。

网络直播营销作为一种社会化营销方式，对促进消费扩容提质、形成强大国内市场起到了积极作用。规范网络直播营销活动，促进其健康发展，需要在现行法律框架下，构建包括政府监管、主体自治、行业自律、社会监督在内的社会共治格局。

职业技能训练

一、单项选择题

1. 在进行直播选品时，根据直播账号的内容和主题来选择与之相关性较高的产品，这种选品依据是（　　）。

    A. 根据直播账号的内容垂直度选品　　　　B. 根据客单价选品

    C. 根据目标受众画像选品　　　　　　　　D. 根据主播人设选品

2. 下列不属于直播选品工具的是（　　）。

    A. 蝉妈妈　　　　　　B. 飞瓜数据　　　　C. 抖查查　　　　D. 创客贴

3. 使用FABE法则提炼产品卖点时，第一步是（　　）。

    A. 说出产品优点　　　　　　　　　　　　B. 告诉消费者利益

    C. 列出产品特征　　　　　　　　　　　　D. 证明或提出证据

4. "这款无骨鸡爪每一只都是由人工筛选的好鸡爪，和市面上的很多鸡爪都不一样，我们这款无骨鸡爪每一只都爪大、筋多、肉厚、Q弹，吃起来口感饱满，劲道爽口"，这种产品卖点表达方式属于（　　）。

    A. 提出问题反问法　　　　　　　　　　　B. 同类产品对比法

    C. 构建使用场景法　　　　　　　　　　　D. 引用数据证明法

5. 下列选项中，不属于直播推介环节话术类型的是（　　）。

    A. 产品介绍话术　　　　　　　　　　　　B. 产品活动介绍话术

    C. 自我介绍话术　　　　　　　　　　　　D. 产品促单话术

二、多项选择题

1. 直播选品需要遵循的原则包括（　　）。

    A. 符合直播主题和风格　　　　　　　　　B. 符合直播平台规则

    C. 符合产品质量要求　　　　　　　　　　D. 符合直播行业法律法规

2. 直播间产品卖点表述的方法有（　　）。

    A. 直述式讲解　　　　　　　　　　　　　B. 构建使用场景

    C. 同类产品对比　　　　　　　　　　　　D. 构建产品故事

3. 关于直播产品话术设计要点，下列说法正确的是（　　）。

    A. 尽量使用专业高端的表述方式　　　　　B. 尽量使用口语化表达

    C. 搭配肢体语言　　　　　　　　　　　　D. 加入面部表情

三、判断题

1. 直播选品时，可以根据主播对产品的喜好来进行选品。（　　）

2. 在直播产品话术设计过程中，要尽量使用观众易懂的口语化表达方式，让观众能够更加容易明白产品信息，从而更容易产生购买行为。（　　）

3. 产品问题答疑时，如果主播不知道如何回答，可以略过问题。（　　）

4. 为了使直播产品卖点表述得更加有趣，主播可以使用构建使用场景的方式增加表述的趣味性。（　　）

5. 使用FABE法则提炼产品卖点时，需要将产品的所有卖点全部告诉观众。（　　）

学习成果评价

学生基本信息						
姓名		分组				
实训科目		实训指导教师				

类别	项目要求	分值	评分细则	自我评价	小组评价	教师评价
素养（30分）	直播预热内容遵守相关的法律法规要求	15分	直播预热内容不符合相关法律法规得0分			
	直播预热内容传播社会正能量	15分	直播预热内容传播负能量得0分			
核心技能（70分）	能够利用FABE法则或AIDMA法则完成直播产品卖点的提炼	30分	正确使用FABE法则提炼出直播产品卖点得15分，正确使用AIDMA法则提炼出直播产品卖点得15分			
	能够根据直播需求完成直播产品话术的策划与设计	40分	合理策划出直播产品话术设计方法得10分，设计出完整的直播产品话术得30分			
合计		100分	—			
总分（加权平均分，自我评价20%，小组评价30%，教师评价50%）：						
组长签字		教师签字				

项目4
造势引流埋伏笔：预热宣传与开播筹备

学习目标

知识目标

1. 了解引流短视频的常见表现形式，以及引流短视频设计、制作与发布的方法。
2. 熟悉直播脚本的基本要素。
3. 掌握单品直播脚本、单场直播脚本的设计与撰写技巧。
4. 了解直播场景的类型、直播设备、直播间物料，以及直播间场景搭建的方法。

能力目标

1. 能够按照需求开展引流短视频的设计与制作。
2. 能够完成引流短视频的发布。
3. 能够按照直播流程开展直播脚本策划。
4. 能够按照直播需求开展直播场景设计与搭建。

素养目标

1. 具备较好的审美能力，能够搭建出符合消费者主流审美的直播场景。
2. 具备创新能力，能够开展创意化内容设计，进行直播营销。

学习导引

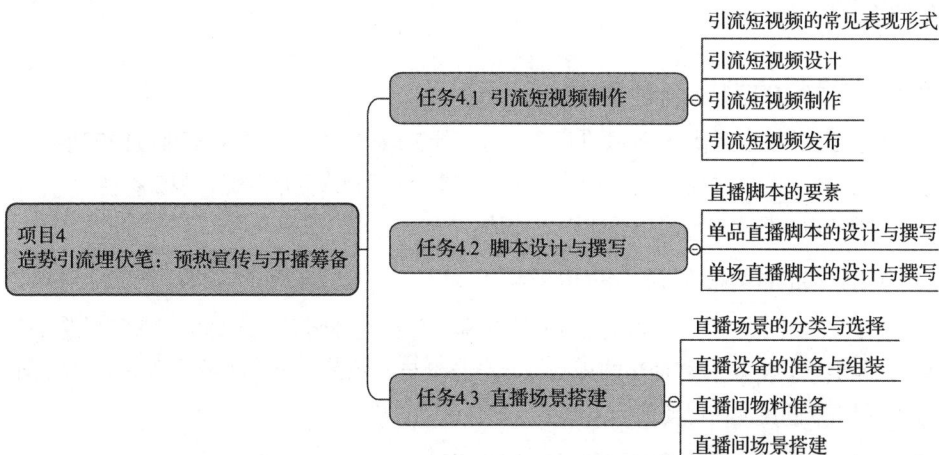

任务4.1　引流短视频制作

案例导入

近期，为了提高销售额，"晋富农"电商公司准备开展一场"山西特色农产品"直播促销活动。为了使直播活动获取更多流量，老板安排李凌完成此次直播促销活动引流短视频表现形式、标题和封面的设计。

1. 引流短视频表现形式设计

为了更好地突出山西特色农产品的口感和品质，李凌决定采取农产品测评的方式，以此吸引更多观众观看。因此，李凌确定此次直播促销活动的引流短视频表现形式为产品测评类短视频。

2. 引流短视频标题设计

根据确定好的引流短视频表现形式，李凌将此次引流短视频的标题设计为"品味山西特色农产品：口感与品质测评"。这个标题突出了产品测评的主题，同时强调了山西特色农产品的口感和品质，能够引起观众的兴趣，使其产生观看欲望。

3. 引流短视频封面设计

李凌设计引流短视频封面的思路为：在封面中，选择一张具有山西特色的农产品的照片作为背景，突出农产品的色彩和质感；在图片上方或下方添加一个清晰易读的标题，如"品味山西特色农产品：口感与品质测评"，标题使用与背景相协调的字体和颜色，以确保标题清晰可见；另外，可以在封面上添加一些视觉元素，如标志性的山西特色元素、测评评级的标识或评语等，以增加封面的吸引力和创意性。

【案例思考】

通过阅读案例，思考并回答以下问题：

（1）引流短视频设计包括哪些内容？

（2）如何设计出具有吸引力的引流短视频？

任务知识

一、引流短视频的常见表现形式

在进行直播预热时，利用短视频进行预热推广能够取得较好的效果。短视频内容生动有趣，能够快速吸引观众的注意力并提高观众黏性，也可以增加直播观众数量并提升观众参与度。

常见的引流短视频表现形式主要有以下几种。

（一）以预告抽奖福利为主的短视频

以预告抽奖福利为主的短视频是指通过宣传即将举行的抽奖活动来吸引观众参与的短视频。这类短视频通常会在视频中介绍抽奖的规则、奖品及参与方式，并通过展示奖品来引起观众的兴趣，能够快速吸引观众的关注并促使他们主动参与抽奖活动。

（二）符合直播主题的情景短剧类短视频

符合直播主题的情景短剧类短视频是指以直播内容为主题，通过情景短剧的形式进行展示和宣传的短视频。这类短视频通常会创作一个具有故事性和情感吸引力的情景，通过剧情、对话、动作等生动展现产品或品牌。符合直播主题的情景短剧类短视频通过生动有趣的故事情节，让观众产生代入感和情感共鸣，从而更愿意观看直播并参与直播活动。

（三）以知识传播为主的短视频

以知识传播为主的短视频是指以传播知识、信息或技能为形式的短视频。这类短视频通常会针对某个领域或主题，以简洁明了的方式，将专业知识以易于理解且吸引人的形式呈现给观众。以知识传播为主的短视频通过传播有用的知识，提供实用的技巧，满足观众对知识获取的需求，吸引更多观众关注直播并参与互动。

（四）产品测评类短视频

产品测评类短视频是指对产品进行实际体验和评价的短视频。这类短视频通常由网红、主播或专业评测人士担任主角，他们会详细介绍产品的特点、功能、使用方法等，并进行实际操作或试用，以展示产品的真实效果和性能。产品测评类短视频能够帮助观众更好地了解产品、对比选择，为观众提供消费建议和购买指导，增加观众对产品的兴趣，促进产品的销售和推广。

（五）实地走访类短视频

实地走访类短视频是指实际前往某个地点、场所或事件现场，拍摄相关内容并进行展示的短视频。实地走访类短视频能够让观众感受到现场的真实情况，为观众提供参考和决策依据，以此提升品牌或活动的推广效果。

（六）以直播片段为主的短视频

以直播片段为主的短视频是指将直播过程中最精彩、最有吸引力的片段进行剪辑、整理并制作而成的短视频。以直播片段为主的短视频通过短暂且精彩的直播片段展示，可以快速吸引观众的注意力，激发他们的兴趣，从而提升他们对之后直播的关注度。

二、引流短视频设计

（一）引流短视频标题设计

引流短视频标题设计的方法有很多，创作者想要取一个吸引眼球的好标题，需要选择合适的标题拟写方法，并结合直播的主题领域定位、风格定位及引流短视频的内容来设计。设计引流短视频标题的方法有数字法、悬念法、热词法、对比法、体验法、稀缺法、系列法等，如表4-1所示。

表 4-1　引流短视频标题设计方法

标题设计方法	内容	示例
数字法	定义：数字法即数字化标题，也就是在标题中将引流短视频的重要内容用数字体现出来。 作用：①用具体数字来说明问题，可以使说明更加客观、准确、科学，更具说服力，从而有效引观众视线，引导观众观看引流短视频；②通过数字对创作内容进行概括解说，能够以更加直观的形式让观众对创作内容形成初步认识，便于观众理解	"10个可以提升幸福感的家居用品"

标题设计方法	内容	示例
悬念法	定义：悬念法是指在引流短视频发布时，使用吸引人的、引起观众好奇心的、暗示剧情发展或结局的标题。 作用：①这类标题可以引发观众的好奇心和期待，进而可以增加视频的曝光度和观看次数；②可以激发观众之间的讨论和分享，引发更多的观众参与和互动	"你知道吗？这样穿搭，冬天一定不会冷！"
热词法	定义：热词法是把当下社会中的热点新闻、热议话题、名人等应用在标题中，以提高引流短视频的热度。 作用：热点本就具有极高的关注度和点击率，是一个天然的引流资源	"多巴胺穿搭，你还不会吗？"
对比法	定义：对比法是利用人的心理认知，在引流短视频中将不同表现程度或效果的事物、现象放在一起进行比较，目的是突出事物的本质特征，制造冲突性看点。 作用：通过对比两个不同或相似的事物或现象，可以突出视频中的重点内容，让观众更加关注	"传统家居风格 VS 现代家居风格"
体验法	定义：体验法就是利用一些文字信息将观众带入特定场景，使观众产生前所未有的体验或者精神上的认知和共鸣。 作用：能够带给观众更真实的感受，激发观众了解产品的兴趣	"野外露营，感受星空与大自然的美好"
稀缺法	定义：稀缺法是通过引用一个极大或者极小的数字来吸引观众观看引流短视频。 作用：直接戳中观众的"稀有心理"，激发观众的求知欲	"99% 的人都不知道的穿搭技巧"
系列法	定义：系列法是将引流短视频做成系列，如在标题中加入"（上）""（下）"这样的标识，然后持续更新。 作用：可以激发观众的求知欲	"相机的使用技巧（上）"

（二）引流短视频封面设计

引流短视频封面主要有人物封面、场景封面、物品封面、动画封面、纯文字封面、图文结合封面等类型。

1．人物封面

人物封面是指以引流短视频中的人物为封面，突出人物形象和表情，吸引观众的注意力。

2．场景封面

场景封面是指以引流短视频中特别的场景或背景为封面，传达引流短视频的主题和氛围。

3．物品封面

物品封面是指以引流短视频中的某个物品或道具为封面，突出引流短视频的重点内容。

4．动画封面

动画封面是指以动画为元素制作的封面，如使用动画效果、图形设计或者特效制作，以增加引流短视频的吸引力。

5. 纯文字封面

纯文字封面是指使用简短的文字描述或标题作为封面，以引起观众的好奇心，促使他们点击、观看。

6. 图文结合封面

图文结合封面是指将图片和简短的文字描述相结合作为封面，以引起观众的兴趣和好奇心。

（三）引流短视频脚本设计

常见的引流短视频脚本可以分为三种类型，分别是提纲脚本、分镜头脚本和文学脚本。

1. 提纲脚本

提纲脚本主要是以文字形式呈现，概括性地列出视频的主要内容、故事情节和要传达的信息。提纲脚本通常包括各个场景和镜头的简要描述、对话和声音的要点，以及可能需要的视觉特效。提纲脚本有助于规划视频的结构和流程，以及确定关键信息的传递方式。表4-2所示为某自然纪录片的提纲脚本。

表4-2 某自然纪录片的提纲脚本

要点	内容
创作意图	展示大自然中令人惊叹的森林景观，唤起观众对自然美的敬畏和对大自然的保护之心。同时，通过记录森林中的生物多样性和生态系统互动，让观众更深入地了解森林的重要性及人与自然的联系
记录对象	①森林景观。捕捉不同季节、不同天气条件下森林的变化，包括树木的繁盛和衰败、溪流的丰沛和枯竭等。 ②动植物物种。记录在森林中生活的各种动物和植物，如松鼠、蝴蝶、花卉等
镜头画面	①开场镜头。从一个壮丽的俯瞰视角开始，俯瞰一片广袤的森林，呈现出壮美的景观。 ②细节特写。使用微距镜头拍摄树叶上的露珠、昆虫在花朵间飞舞，突出森林中细微而奇妙的生命迹象。 ③日出日落。捕捉太阳逐渐升起或沉落时，森林中的光影变化和色彩斑斓的景象。 ④鸟类飞行。用追踪镜头记录鸟类在树枝间飞翔的优雅姿态，展示它们与森林之间的紧密关系。 ⑤动物生活。拍摄动物的自然行为，如松鼠搜寻食物、鸟儿筑巢、狐狸穿越林地等，展示森林中不同物种的独特魅力
拍摄思路	①精心选择拍摄地点。寻找具有代表性的区域，包括山区、湿地和原始森林等，以展示不同类型森林的美景。 ②多角度拍摄。利用不同的拍摄角度和镜头，从远景到近景，从高空俯瞰到低角度拍摄，展示森林的广阔和细节。 ③使用稳定器和长焦镜头。为了捕捉动物的精彩瞬间，使用稳定器保持画面稳定，并使用长焦镜头保持安全距离

2. 分镜头脚本

分镜头脚本是借助图像语言呈现的脚本，用于详细描述每个镜头的内容、景别、动作和对话等。分镜头脚本有助于视觉化规划视频的拍摄和剪辑过程，确保每个镜头的细节和呈现方式都得到精确控制。常见的分镜头脚本有图文结合的分镜头脚本和纯文字的分镜头脚本两类。

（1）图文结合的分镜头脚本

图文结合的分镜头脚本是一种将文字描述和图像元素相结合的脚本，用于详细描述视频中每个镜头的景别、画面、内容、音效等。这种脚本通常以文字描述为主，包括场景、角色动作、台词等，同时也会配合相关的图片。这些图片元素可以是简单的草图、示意图，也可以是类似于场景的照片，用于帮助理解和说明具体的画面构图、摄影角度、角色位置等细节，以便更清晰地传达视觉效果和构图要求。表 4-3 所示为图文结合的分镜头脚本（部分）。

表 4-3　图文结合的分镜头脚本（部分）

镜号	景别	画面	内容	音效
1	远景		大海的动画画面，海水起伏，推镜头	海浪声
2	全景		主角向山上走，围巾飞舞	踩沙子走路声、海浪声
3	全景		主角看着海面，心事重重	—
4	近景		突然，主角发现海面上漂浮着一只无人的小船，他准备下山一探究竟	—

（2）纯文字的分镜头脚本

纯文字的分镜头脚本是一种只使用文字描述的脚本，用于详细描述视频中每个镜头的景别、画面、台词、音效等。这种脚本主要靠文字描述来传达拍摄意图，指导摄影工作。在这种脚本中，每个镜头都以简明扼要的文字形式进行描述，包括场景、角色动作、台词等。表4-4所示为纯文字的分镜头脚本（部分）。

表4-4　纯文字的分镜头脚本（部分）

镜号	景别	长度	画面	台词	音效
1	近景	5秒	主持人面向镜头，挥手打招呼	大家好，听说黎叔家的砂糖橘熟了，大家快跟我去果园看看吧	—
2	全景	5秒	跟随主持人，快速走进果园	—	快速移动声轨
3	全景	10秒	堆得像山一样的砂糖橘旁边，果园承包人黎叔正在摆放砂糖橘，然后回头面向镜头	（主持人画外音）哇！黎叔，好多砂糖橘呀，都这么大	—
4	全景	7秒	黎叔开心地笑了，又用手指了指身后	是呀，今年砂糖橘大丰收，大家都忙得很	—
5	全景	6秒	采摘人员拿着剪刀娴熟地剪下果实，放进果篮筐	—	—
6	特写	5秒	采摘人员指着一个砂糖橘介绍，然后用剪刀将其剪下来	这种颜色的砂糖橘就可以摘了，甜度正好。摘的时候要用剪刀剪断果蒂，直接摘会摘掉果皮	"哦"的人声音效

3. 文学脚本

文学脚本是一种以文学形式呈现的脚本，类似于剧本。它包括角色对白、场景描述和必要的舞台指示，用于创作故事和引发情感共鸣。文学脚本通常用于更具艺术性和创意性的视频，可以帮助制作团队更好地理解故事的发展和情感的体现。表4-5所示为《远行的瞬间》的文学脚本（部分）。

表4-5　《远行的瞬间》文学脚本（部分）

脚本要点	内容
标题	远行的瞬间
时长	5分钟
镜头1	①场景：静谧的山脚下的湖边，雾气弥漫。 ②画面：太阳刚刚升起，微弱的阳光透过浓雾洒在湖面上；远处山峦若隐若现，宛如仙境般美丽。 ③景别：远景
镜头2	①场景：小木屋旁的篝火边。 ②画面：主人公身后是准备好的旅行装备，身旁摆放着背包和地图；他坐在篝火前，温暖的火光映照在他的脸上。 ③景别：近景
镜头3	①场景：沿着山路徒步行走。 ②描述：主人公穿着舒适的登山鞋，背着背包，沿着山路缓缓前行；周围是茂密的森林和清澈的溪流，鸟儿的歌声回荡在林间。 ③景别：近景

三、引流短视频制作

完成引流短视频标题、封面、脚本设计后，直播团队可以利用短视频剪辑工具完成引流短视频的制作。

（一）引流短视频制作工具

1. 剪映

剪映是一款具有多种剪辑功能的短视频剪辑工具。剪映提供了大量的贴纸和字体素材，同时还支持视频的变速调节，拥有海量的曲库资源、多样的专业滤镜，也开发了音频提取、旋转、贴纸复制、滤镜、录音、剪辑模板等功能，操作十分简单。图4-1所示为剪映官方首页界面。

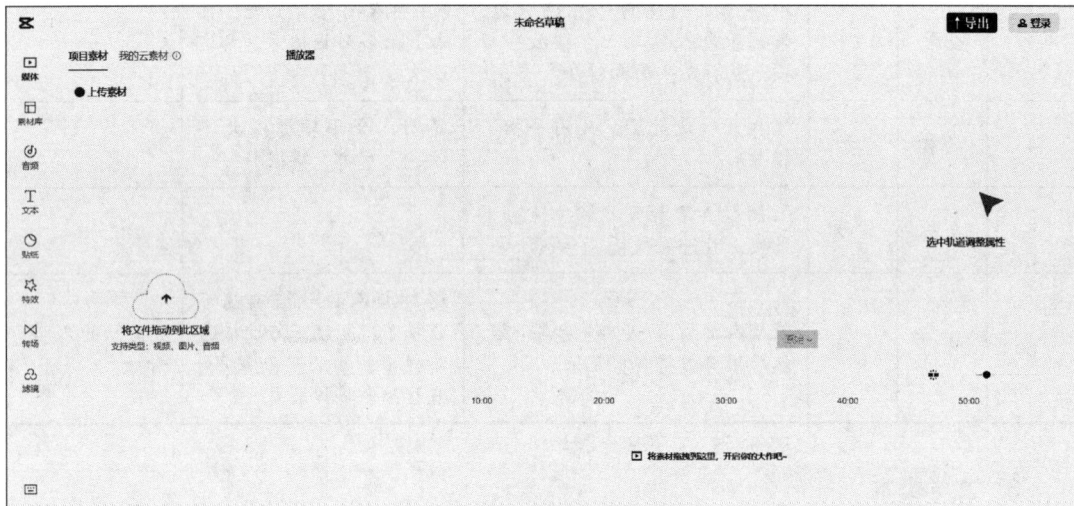

图4-1　剪映官方首页界面

2. 快剪辑

快剪辑是一款在线视频剪辑软件，拥有强大的视频录制、视频合成、视频截取等功能，支持添加字幕、音乐、特效、贴纸等，无强制片头片尾，还可以轻松实现一键分享短视频内容。图4-2所示为快剪辑操作界面。

图4-2　快剪辑操作界面

3. Premiere

Premiere 是一款专业视频编辑软件，功能齐全。它可以提供采集、剪辑、调色、音频美化、字幕添加、输出、DVD 刻录等一整套剪辑功能，并且兼容性强，能和 Adobe 公司推出的其他软件相互协作，其操作界面如图 4-3 所示。

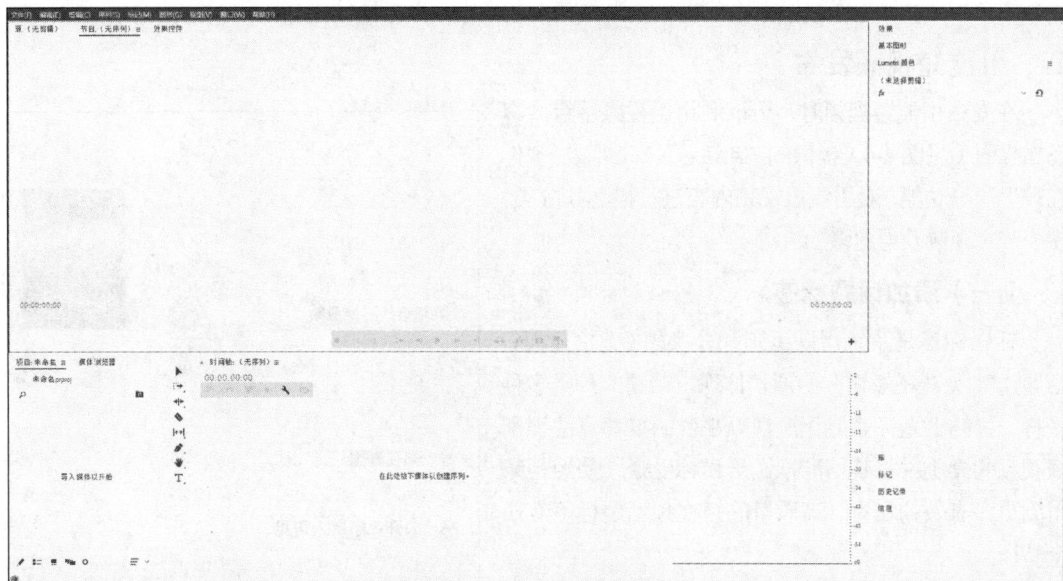

图4-3　Premiere操作界面

（二）引流短视频剪辑

引流短视频剪辑主要包括视频裁剪、添加转场、视频音频处理、添加字幕等。

1. 视频裁剪

视频裁剪是指将一段视频素材按照时间轴进行分割和删除，去除不需要的部分，只保留需要的视频片段的过程。

2. 添加转场

完成视频分割和删除后，对于视频素材中间有点生硬的过渡，需要进行转场效果的添加。为了增加视频的流畅度和观赏性，可以添加多种转场效果，如淡入淡出、擦除、推移等，使不同场景之间平滑过渡。

3. 视频音频处理

（1）音频分离

音频分离是指在处理引流短视频中的音频时，需要将同步录制的引流短视频中的音频和画面分割开。

（2）消除噪声

噪声会严重影响观众观看引流短视频时的视听体验，使观众难以识别声音内容。因此，在剪辑引流短视频时，应消除素材中的噪声。

（3）设置背景音乐

背景音乐通常需要结合引流短视频的内容、主题、节奏、画面氛围、情感烘托等要素来综合选择。选择的背景音乐要适合引流短视频的画面氛围与节奏，与引流短视频的内容、主题协调一致，增强引流短视频的感染力，提升观众的代入感。

4. 添加字幕

根据脚本内容，在引流短视频中添加字幕，可以是主要的台词或者补充说明，为观众提供更多的信息和引导。引流短视频添加字幕的方法比较简单，通常在需要添加字幕的视频画面中输入对应的文本即可。除此之外，很多短视频剪辑软件也具备自动识别并添加字幕的功能，直播团队可以直接利用该功能完成引流短视频字幕的制作和添加。

四、引流短视频发布

在发布引流短视频时，可以利用短视频平台内容发布界面（见图4-4）提供的"# 话题""@ 朋友""你在哪里"等功能，对引流短视频内容进行描述和分类，使引流短视频获得更多的流量。

（一）添加话题标签

话题标签是系统用以识别和分类短视频的依据，话题通常以"#+ 短语"的形式体现。话题的种类多种多样，好的话题标签能让短视频平台的推荐算法识别短视频的分类并将其精准推送给目标受众，使短视频得到更多有效的曝光。高质量的短视频话题标签有四个特征。

图4-4　短视频平台内容发布界面

1. 合适的话题标签数

在以抖音、快手为代表的移动端短视频平台上，创作者可以为短视频添加 1 ~ 3 个话题标签，且每个话题标签的字数在 5 个字以内为宜，因为移动端短视频平台会将话题标签与标题文案一同显示，话题标签字数过多会使版面看起来比较混乱。所以，在这类短视频平台上为短视频添加话题标签时，需要提炼关键词，选择最能代表短视频内容的词语作为话题标签；切忌添加过多与内容无关的话题标签，否则会使系统无法识别推荐领域，或使系统将短视频推荐给不相关的用户。以发布露营相关的短视频为例，不同平台话题标签添加如图 4-5 所示。

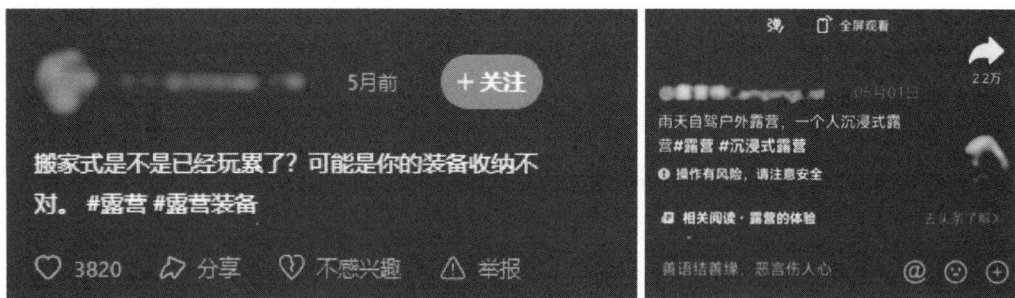

图4-5　不同平台露营短视频的话题标签添加

2. 话题标签要准确

话题标签要做到准确化、细节化。以露营装备测评类短视频为例，如果将话题标签设置为"露营"，则涵盖范围太广。更好的做法是，将话题标签设置为"露营装备""露营帐篷""黑科技露营装备"等限定性词，这类精确性更高的话题标签能使短视频在分发时深入垂直领域，送达真正的目标受众，如图 4-6 所示。

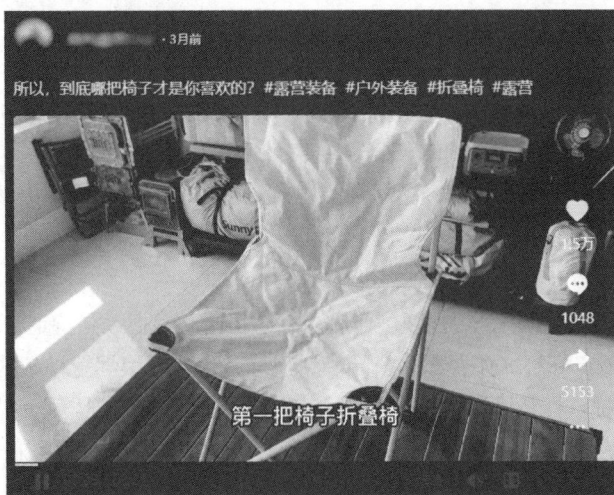

图4-6　露营装备测评类短视频话题标签设置

3. 根据目标受众选择话题标签

话题标签不仅可以根据短视频内容选择，还可以根据短视频的目标受众选择。还是以露营类短视频为例，如果目标受众是以汽车为交通工具的人，则创作者可以添加"户外露营""汽车露营"等话题标签，如图4-7所示。

图4-7　根据目标受众选择话题标签

4. 以热点话题为话题标签

设置话题标签时，适当引入热点话题可以有效借助热点话题的热度为短视频引流，以增加短视频的曝光量。例如，抖音官方热门话题标签"＃挑战拍一组露营大片"，该话题标签下参与活动的人较多，且短视频播放量极高。

（二）添加@对象

在发布短视频时，短视频创作者可以通过@平台助手或活动名称的方式，让官方账号及时关注到相关内容，提醒系统快速审查该条短视频，从而使短视频有机会上热门，得到更多曝光。例如，在抖音平台发布短视频时，可以@"抖音小助手"。抖音小助手是一个机器人管理员，它会在人工审核之前，对短视频进行预先分类。短视频创作者@抖音小助手之后，系统会及时关注到短视频内容并尽快审核。如果短视频内容优质、创意精妙，就有可能被系统推荐上热门，获得更多曝光和流量。

除此之外，短视频创作者还可以@粉丝基数大的博主，通过账号联动的方式，提高短视频的播放量。这里需要注意两点：一是相关性，即所选择的互动账号要与短视频内容有一定的关联；二是联动博主账号的热度，即应该选择粉丝比较多的博主账号，然后利用优质内容吸引对方的粉丝关注自己的账号。

（三）添加地理位置

在抖音和快手等短视频平台，发布短视频时可以选择"同城发布"和"定位发布"。这两种发布方式都能为短视频带来意想不到的流量。

1. 同城发布

通过选择"同城发布"选项，短视频创作者可以将自己的短视频在特定的城市或地区进行发布。这意味着该短视频将在该地区的用户推荐列表中具有更高的可见性和曝光度。当浏览短视频时，用户更容易看到属于他们所在城市的内容。而同城发布短视频为用户提供了更多与当地相关的内容，也增加了创作者发现和联结同城用户的机会。

2. 定位发布

通过选择"定位发布"选项，短视频创作者可以将自己的短视频与特定的地理位置相关联。创作者可以选择已有的地点标签，如餐厅、公园、景点等，也可以根据短视频内容定位到相关地点。这样一来，当用户在该地点打开短视频应用时，他们就有更大的机会看到与该地点相关的短视频内容。这种方式比较适用于发布与特定地点相关的经历、旅行故事或事件等，也有利于吸引对该地点感兴趣的其他用户。

📚 任务实施：农产品引流短视频制作

任务背景

近期，"晋富农"电商公司准备开展一场"山西黄河滩枣"直播促销活动。为了使此次直播活动吸引到更多的观众，老板让李凌负责引流短视频的制作，请你协助李凌完成这一任务。

任务操作

农产品引流短视频制作，可参照如下步骤进行。

步骤1：确定引流短视频的表现形式

制作引流短视频前，首先要根据直播主题确定引流短视频的表现形式。"晋富农"电商公司此次直播的主题为销售山西黄河滩枣。山西黄河滩枣属于农产品，若想突出其特色，则可以通过讲授农产品相关知识来实现。因此，李凌确定此次引流短视频的表现形式为以知识传播为主的短视频，主要内容如表4-6所示。

表4-6　以知识传播为主的短视频主要内容

表现形式	内容
以知识传播为主的短视频	①山西黄河滩枣介绍。介绍山西黄河滩枣的种类、特点、生长环境等基本信息，让观众对山西黄河滩枣有基本的了解。 ②产地与质量保证。介绍山西黄河滩枣的产地，强调其特定产地的优势和特色，介绍相关的质量认证和保障措施。 ③营养价值。讲解山西黄河滩枣的营养成分和功效，吸引观众关注其营养价值。 ④种植过程。展示山西黄河滩枣的种植过程，包括土壤处理、播种、育苗等，使观众了解其独特生长环境。 ⑤再加工和制作过程。介绍山西黄河滩枣的再加工方法和制作技巧，如枣夹核桃，让观众了解山西黄河滩枣的多样食用方式

步骤2：设计引流短视频的标题、封面和脚本

确定了引流短视频的表现形式后，接下来需要设计引流短视频的标题、封面和脚本。

（1）设计引流短视频的标题

李凌确定此次引流短视频为以知识传播为主的短视频，其标题设计要突出知识性，因此，李凌将其标题设计为"山西黄河滩枣·探寻健康与美味"。标题突出了农产品的产地和特色，能够吸引对山西特色农产品感兴趣的观众，促使他们观看直播并参与直播活动。

（2）设计引流短视频的封面

为了突出知识性和健康益处，李凌设计引流短视频封面的思路如下：以山西黄河滩枣为主题，展示它们的形状、颜色等，以引起观众的兴趣；加入一些有关健康的元素，如用绿叶、稻田作为背景，强调山西黄河滩枣来自大自然，突出该视频的健康主题；在封面上添加文字，如"山西黄河滩枣""探寻健康与美味"等，以提升观众对视频的认知和理解。

设计好的引流短视频封面如图4-8所示。

（3）设计引流短视频的脚本

完成引流短视频封面的设计后，接下来需要完成引流短视频脚本的设计，便于后期引流短视频的拍摄与制作。李凌设计出的引流短视频脚本如表4-7所示。

图4-8 引流短视频封面

表4-7 引流短视频脚本

镜号	景别	长度	画面	台词	音效
1	远景	5秒	从高处俯瞰黄河滩枣树林，镜头缓慢移动，展示林间的景色	欢迎来到山西黄河滩枣的世界，让我们一起探寻这里的美味	悠扬的音乐
2	全景	5秒	农民在枣树下忙碌着摘取成熟的黄河滩枣	—	快速移动声轨
3	中景	10秒	主持人介绍黄河滩枣的营养价值，画面切换至主持人手中的黄河滩枣	黄河滩枣富含维生素、矿物质和纤维，是一种营养丰富的水果	鸟鸣声
4	近景	7秒	镜头跟随厨师的动作，展示他在烹饪过程中加入黄河滩枣的场景	黄河滩枣不仅可以生吃，还可以用来烹饪各种美味佳肴	炒菜声
5	特写	6秒	镜头切换至消费者品尝黄河滩枣的表情，展示他们对黄河滩枣的满意和喜爱	真好吃呀	—
6	远景	5秒	镜头移动至黄河滩枣树林，最后聚焦在树上的黄河滩枣，并显示视频标题，画面淡出	—	风声

步骤3：引流短视频剪辑

李凌利用剪映手机版进行引流短视频后期制作，具体流程如下。

（1）视频裁剪

滑动引流短视频素材，将画面的起始位置滑动到白色指针处，点击"剪辑"中的"分割"选项，然后滑动视频到画面的结束位置，点击"分割"选项，即可将不需要的画面分割出来，最后点击功能区的"删除"选项，即可删除素材前后不需要的画面，如图4-9所示。

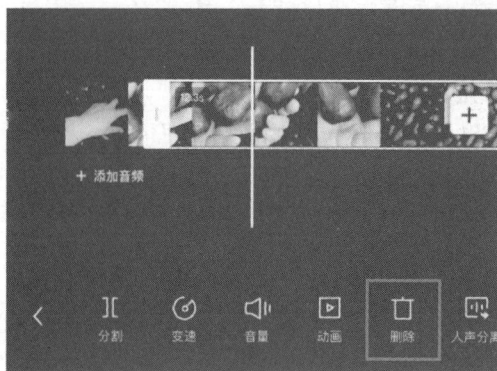

图4-9　删除不需要的画面

（2）添加转场

完成视频裁剪后，对于引流短视频素材过渡有点生硬的中间部分，需要添加转场效果。首先选择视频片段链接的锚点，如图4-10所示，然后在弹出的转场效果界面选择转场效果，如图4-11所示，接着拖动转场效果下方的时间轴，调整转场时间，如图4-12所示，转场时间调整完成后，点击页面下方的"√"按钮即可完成转场效果的添加。

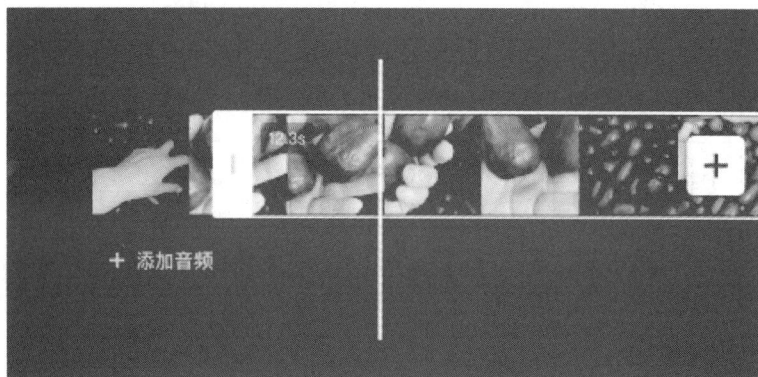

图4-10　选择链接锚点

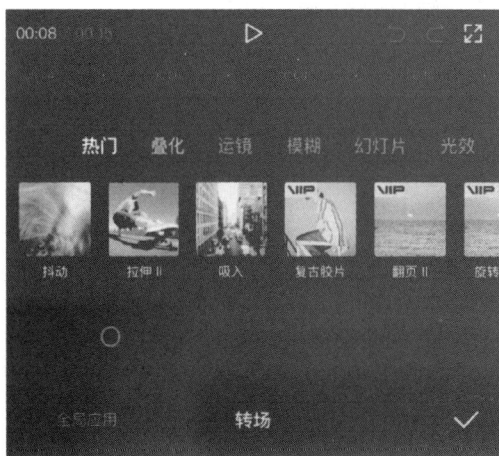

图4-11　选择转场效果

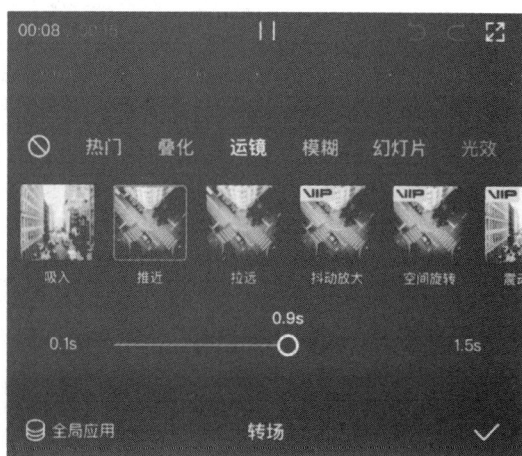

图4-12　调整转场时间

（3）音频处理

①音频分离

添加完转场之后，点击页面下方的"剪辑"选项，如图4-13所示，然后选择"音频分离"选项，如图4-14所示，这样就可以将引流短视频的原声和画面分割开来。

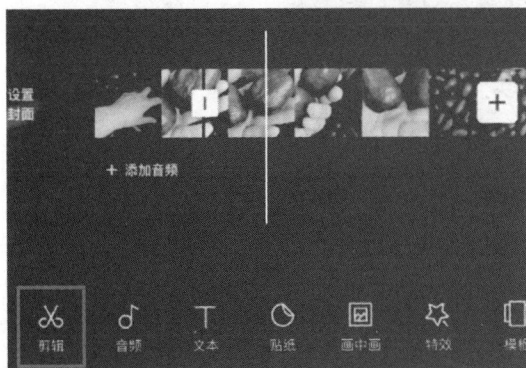

图4-13　点击"剪辑"选项　　　　　　　图4-14　选择"音频分离"选项

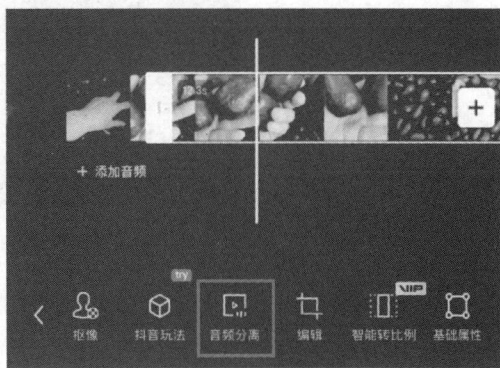

②消除噪声

点击"剪辑"选项，选择"降噪"选项，如图4-15所示，然后打开降噪开关，并点击"√"按钮确认操作，如图4-16所示，这样就可以在一定程度上消除引流短视频中的噪声，使原声更加清晰。

图4-15　选择"降噪"选项

图4-16　打开降噪开关并确认操作

③设置背景音乐

李凌还需要为引流短视频添加合适的背景音乐。点击"音频"选项，选择"音乐"选项，如图4-17所示，在添加音乐界面选择"轻音乐"选项，下载并使用选中的音乐，如图4-18所示，这样就可以完成引流短视频背景音乐的添加设置。

图4-17　选择"音乐"选项

图4-18　下载并使用轻音乐

（4）添加字幕

完成音频处理之后，点击"文本"选项，再点击"新建文本"选项，如图4-19所示，在弹出的对话框内输入需要添加的字幕内容——"黄河滩枣富含维生素"，如图4-20所示，设置完成后点击"√"按钮确认操作，这样就可以完成引流短视频字幕的制作和添加。

图4-19　选择"新建文本"选项

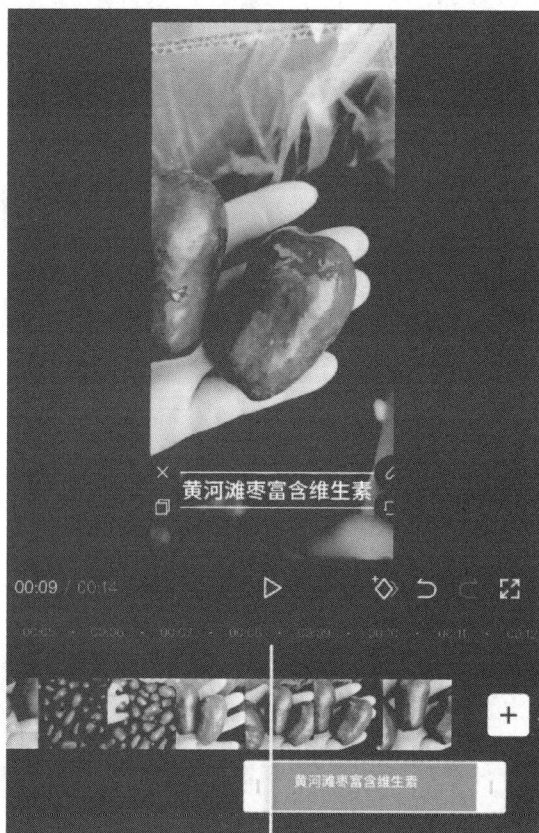

图4-20　输入字幕内容

任务拓展

小吴是一名零食爱好者，同时也是一名职业摄影师。近期，他所在的零食电商公司准备开展一场辣条专场直播活动，老板安排小吴为此次直播设计引流短视频，请你协助小吴完成这一任务。

请你根据本任务所学知识，设计辣条专场直播活动引流短视频的表现形式，并说明理由，完成表 4-8。

表 4-8 引流短视频的表现形式及选择理由

引流短视频表现形式	选择理由

请你根据本任务所学知识，设计辣条专场直播活动引流短视频的标题，并填写在下方横线处。

_____

_____

请你根据本任务所学知识，设计辣条专场直播活动引流短视频的封面，并将封面设计思路写在下方空白处。

请你根据本任务所学知识，设计辣条专场直播活动引流短视频的脚本，并将设计好的脚本内容填写在表 4-9 中。

表 4-9 引流短视频脚本

镜号	景别	长度	画面	台词	音效
1					
2					
3					
4					
5					
……					

任务4.2 脚本设计与撰写

案例导入

近期，"晋富农"电商公司准备开展一场"山西特色农产品——应县紫皮蒜"单品直播促销活动。为了帮助主播更加顺利地讲解应县紫皮蒜，老板安排陈超负责此次直播活动的脚本设计与撰写。陈超上网查阅相关资料后，总结出了应县紫皮蒜的产品卖点。

风味独特，口感鲜嫩，无论是用来炒菜、煮火锅还是腌制食品，都能为食物增添独特的风味和香气。

营养丰富，富含大量的营养物质，包括大蒜素、硒、维生素C等。其中，大蒜素具有抗菌、抗氧化和抗炎的作用，有利于提升人体免疫力，预防疾病；硒和维生素C则有助于促进人体新陈代谢，增强人的体力和抵抗力。

完成应县紫皮蒜产品卖点的提炼后，陈超拟定出了直播脚本，如表4-10所示。

表4-10 应县紫皮蒜直播脚本

脚本要点	具体说明	
讲解时间	19:00开始，讲解10分钟	
品牌介绍	"晋富农"是一家专注于销售山西特色农产品的企业，致力于为消费者提供优质、安全、健康的山西特色农产品	
产品卖点	卖点1	风味独特，口感鲜嫩
	卖点2	富含大量的营养物质，营养丰富
产品展示方式	近距离展示产品细节	
目标受众	注重养生的人	
直播间利益点	原价38.9元/袋，现价19.9元/袋	

【案例思考】

通过阅读案例，思考并回答以下问题：

（1）单品直播脚本包括哪些要素？

（2）在撰写单品直播脚本前，需要做哪些准备工作？

任务知识

一、直播脚本的要素

在准备直播之前，直播团队必须进行直播脚本设计。一场成功的直播活动需要一个逻辑严密、清晰连贯的直播脚本来指导。如果没有直播脚本，主播在介绍产品时可能会因为有太多琐碎信息而使重点和卖点不明显，或者因为时间控制不当而导致介绍产品超时或过早结束。

在撰写直播脚本之前，直播团队必须明确直播脚本的核心要素，即明确直播主题、把控直播节奏、安排直播分工、引导直播互动。

（一）明确直播主题

直播主题是指直播活动的核心内容和目标，它决定了整场直播的方向和内容安排。明确直播主题可以帮助直播团队更好地构建内容，使直播更具针对性和吸引力。

（二）把控直播节奏

直播节奏是指在直播过程中，直播内容的多少、紧凑程度和平稳程度。把控直播节奏能够使整个直播过程更加有序、流畅，并让观众保持兴趣、集中注意力。

（三）安排直播分工

直播分工是指在直播过程中，将不同的任务和角色分配给直播团队不同的成员，以确保直播活动顺利进行，并使效果达到预期。有效的直播分工安排可以提高直播的专业性和效率，使直播活动更具吸引力，更容易成功。

（四）引导直播互动

直播互动是指在直播过程中，主播与观众进行互动和观众参与活动。主播通过回答观众疑问、抽奖、互动游戏等方式，鼓励观众参与直播内容，增加观众参与度和留存率，提升直播效果和互动体验。

二、单品直播脚本的设计与撰写

单品直播脚本是针对某款产品的直播脚本，其主要内容包括产品的品牌、卖点、优惠等。

（一）单品直播脚本的内容

单品直播脚本的内容一般包含讲解时间、品牌介绍、产品卖点、产品展示方式、目标受众及直播间利益点等要素，如图4-21所示。

图4-21 单品直播脚本的内容

讲解时间：用于说明某款产品在什么时间开始讲解，讲解多长时间等。

品牌介绍：用于介绍某款产品的品牌，以及该品牌的历史、资质、荣誉等，利用优秀品牌为产品背书，在消费者心中建立良好的形象。

产品卖点：总结、提炼出产品的核心卖点，并利用场景化方式向消费者阐述。

产品展示方式：用于解释直播时如何展示产品。尤其是针对产品卖点，可以设计相应的展示方式，如现场使用、对比试验或者播放视频等。

目标受众：用于说明产品的目标消费者是哪一类人、他们喜欢的表达方式是什么样的，以及他们对产品的需求点是什么。

直播间利益点：用于说明直播间的福利政策，包括优惠价格、赠品及具体的优惠方式等。例如，日常价格和直播间价格的对比，有无赠品，是否有下单时间、下单数量的限制，如何领取优惠券等。

（二）单品直播脚本的框架

单品直播脚本一般设计成表格的形式，将讲解时间、品牌介绍、产品卖点、产品展示方式、目标受众、直播间利益点等内容都呈现在表格中，这样便于主播全方位地了解直播产品。表 4-11 所示为单品直播脚本框架。

表 4-11　单品直播脚本框架

脚本要点		具体说明
讲解时间		
品牌介绍		
产品卖点	卖点 1	
	卖点 2	
	卖点 3	
	……	
产品展示方式		
目标受众		
直播间利益点		

（三）单品直播脚本设计与撰写的技巧

直播时，主播要在很短的时间内组织语言，完成具体产品的介绍和推介。因此，直播团队可以将单品直播脚本拆成三个环节，即产品引入、赢得信任、促销下单，并针对这三个环节有针对性地设计、撰写单品直播脚本。

1. 产品引入

在正式介绍直播产品之前，需要引入直播产品。通过产品引入话术，主播可以调动观众对产品的兴趣，提高直播间的观众留存率。通常可以使用直述式和引导式话术引入产品。

2. 赢得信任

赢得信任是直播营销的关键。主播可以通过数据证明、现场体验、消费者真实使用案例等方式提升产品在观众心中的价值，从而赢得观众的信任。

3. 促销下单

主播运用直播营销话术的最后一步是展现产品的价格优势，或者通过强调赠送礼品、包邮、满减等方式促使观众下单。

三、单场直播脚本的设计与撰写

优秀的单场直播脚本一定要考虑到细节，让主播从上播到下播都有条不紊，让每个参与人员和道具都得到充分利用。

（一）单场直播脚本的内容

一场直播通常包括直播主题、直播目标、主播介绍、直播时间、注意事项、人员安排和直播流程细节，如表4-12所示。

表4-12 单场直播脚本的内容

内容	说明
直播主题	从消费者需求出发，明确直播的主题
直播目标	明确直播目标，例如积累消费者、提高消费者进店率、宣传新品等
主播介绍	主播自我介绍
直播时间	明确直播开始和结束的时间
注意事项	说明直播中需要注意的事项
人员安排	明确参与直播人员的职责。例如，主播负责引导关注、讲解产品、解释活动规则等；助播负责与观众互动、回复观众的问题、发布优惠信息等；后台／客服负责修改产品价格、与观众沟通订单问题等
直播流程细节	直播流程的细节要非常具体，详细说明开场预热、产品讲解、观众互动等各个环节的具体内容及如何操作等。例如，什么时间讲解第一款产品、具体讲解多长时间、什么时间抽奖等，尽可能把时间都规划好，并按照规划来执行

（二）单场直播脚本的框架

为了明确整场直播的流程，单场直播脚本一般也以表格的形式呈现，表4-13所示为单场直播脚本框架。

表4-13 单场直播脚本框架

直播主题	
直播目标	
主播介绍	
直播时间	
注意事项	

续表

	时间段	流程安排	人员分工			直播话术
			主播	助播	场控	
直播流程与人员安排						

（三）单场直播脚本设计与撰写的技巧

单场直播脚本是对整场直播的内容进行安排，重点是把控直播逻辑和节奏。因此，在设计、撰写单场直播脚本时，要依据直播的实施流程进行。单场直播实施流程如图4-22所示。

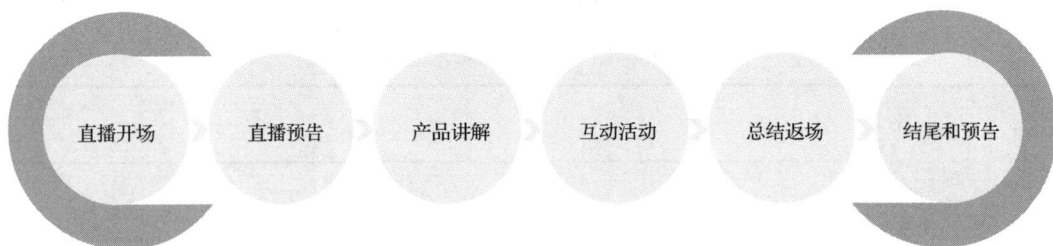

直播开场 ➤ 直播预告 ➤ 产品讲解 ➤ 互动活动 ➤ 总结返场 ➤ 结尾和预告

图4-22　单场直播实施流程

1. 直播开场

直播刚开始，最重要的事情就是暖场，提升直播间的人气。暖场时间可以控制在5分钟左右，在此期间，主播需要跟观众打招呼、介绍自己、介绍直播主题，以达到活跃直播间气氛、调动观众情绪的目的。

2. 直播预告

无论是对新进来的观众还是原有粉丝，直播开始时，主播都需要对整场直播活动，包括直播产品、直播福利、直播环节进行总体性的介绍，这样可以方便观众了解直播的情况。尤其是开场时，主播可以用简短的话术对本场直播所售卖的所有产品进行预告，用产品留住观众继续观看。

3. 产品讲解

产品讲解是直播的核心内容，主播要遵循从外到内、从宏观到微观的原则，以生动真实的语言进行描述，全方位、客观地介绍产品，重点突出产品的性能优势和价格优势。

4. 互动活动

互动活动指除讲解产品外，主播在直播间跟观众互动的内容。主播可以利用福利活动留住观众，福利活动包括发放优惠券、抽奖送福利等。

5. 总结返场

当介绍完所有产品之后，主播可以将仍旧有库存的产品重新快速介绍一遍，使后面进入直播间的观众可以了解产品并进行购买，提高产品的销量。

6. 结尾和预告

感谢观众，引导关注，并预告下次直播的时间、福利和产品，引起观众的期待。

📚 任务实施：农产品单场直播脚本设计与撰写

任务背景

为了提高销售额，"晋富农"电商公司准备开展一场"山西特色农产品"直播促销活动，主要销售的产品有大同黄花、浑源黄芪和广灵小米。为了帮助主播更加顺利地讲解每种农产品，老板安排陈超负责此次直播促销活动的脚本设计与撰写，请你协助陈超完成这一任务。

任务操作

农产品单场直播脚本设计与撰写，可参照如下步骤进行。

步骤1：明确直播目标及主题

在进行直播内容策划之前，必须先明确直播的目标和主题，这是整场直播活动的基础和关键所在。只有明确了直播活动的目标和主题，才能确定直播的方向和策略，从而更好地规划直播内容，确保直播活动的有效性和针对性，吸引目标受众并达到预期的效果。

"晋富农"电商公司准备开展一场"山西特色农产品"直播促销活动，并以多种山西特色农产品吸引目标受众，进一步提高公司销售额。因此，本次直播的目标为提高销售额，主题为"山西特色农产品"直播促销活动。

步骤2：安排直播分工

为了确保直播活动能够顺利实施，需要根据直播的规模和需求建立一个专业的直播团队，并明确划分各个成员的工作职责，从而确保各项工作有序进行。一般而言，直播团队的人员构成包括主播、助播、编导、运营、场控、客服、摄影师、灯光师、助理等。

为了使本次直播活动能够顺利开展，"晋富农"电商公司直播运营部门的经理结合此次直播的目标和主题，明确了直播团队的人员构成，并对其工作职责进行了划分，如表4-14所示。

表4-14　直播团队人员构成及工作职责

岗位	工作人员	工作职责
主播	张琳	①进行直播产品展示和介绍，有效推荐产品并促进销售。②保持良好的形象和专业素养，与观众进行互动，营造良好的直播氛围
助播	范平	①协助主播进行直播，跟随主播行动或处理一些流程性事务。②监测直播质量，确保画面和声音的流畅和清晰
编导	陈超	①策划并组织直播活动的内容和形式。②撰写详细的直播脚本，安排直播内容和时间，并指导主播和其他团队成员按计划实施
运营	李凌	①管理并维护直播活动的整体运营，包括直播平台的选择、推广计划的制订等。②了解观众需求，有效推广直播内容，提升直播的曝光度和观众参与度
场控	小杨、小曹	①负责直播现场的场务管理和秩序维护，协调各部门的工作，确保直播顺利运行，并及时解决现场出现的问题。②负责直播间控评、直播账号后台操作、直播间数据复盘与整理等
客服	小赵、小何、小徐	①负责解答观众提出的问题，处理观众的订单。②提供高质量的客户服务，促进消费者满意度和忠诚度的提升
摄影师	小黄	①负责直播现场的摄影工作，包括摄影设备的准备和调试。②控制摄像机的角度、焦距和曝光等参数，拍摄直播过程中的精彩画面
灯光师	小周	①负责直播现场的灯光设计和控制。②根据直播内容的需要，调整灯光的亮度、色温和效果，营造出合适的视觉效果
助理	小吴、小郑	协助团队成员处理相关工作，如准备直播道具、整理文件等

步骤3：直播脚本设计与撰写

为了使直播环节设计及直播节奏更加合理，需要提前设计出直播脚本，包括直播的流程、互动环节、产品卖点等。在设计直播脚本时，需要根据直播的目标和主题，充分考虑观众的需求和兴趣，合理安排直播内容，使之更加具有吸引力和连贯性。

陈超首先对直播产品卖点进行提炼，然后梳理并撰写了单品直播脚本，如表4-15所示。接着，他按照产品的讲解顺序，合理设计互动环节，将整场直播的内容贯穿起来，并拟定直播话术，形成了完整的单场直播脚本，如表4-16所示。

表4-15　单品直播脚本

产品	直播脚本		
大同黄花	讲解时间	①19:15 开始讲解 ②讲解时长：10分钟	
	品牌介绍	"晋富农"是一家专注于销售山西特色农产品的公司，致力于为消费者提供优质、安全、健康的山西特色农产品，包括大同黄花、浑源黄芪、广灵小米、岢岚红芸豆、应县紫皮蒜等。公司采用创新的种植技术，保证产品的原汁原味，每一款产品都经过严格的筛选和检验，确保品质优良	
	产品卖点	卖点1	口感醇厚：花瓣肥厚，质地鲜嫩，入口就能感受到细腻、醇厚
		卖点2	香气芬芳：散发着浓郁的花香，且茶香和花香相互交融
	产品展示方式	①近景展示产品细节 ②展示制作方法：冲泡大同黄花饮用	
	目标受众	喜欢养生的人	
	直播间利益点	原价：59.9元/包 直播活动价：39.9元/包	
浑源黄芪	讲解时间	①19:30 开始讲解 ②讲解时长：10分钟	
	品牌介绍	"晋富农"是一家专注于销售山西特色农产品的公司，致力于为消费者提供优质、安全、健康的山西特色农产品，包括大同黄花、浑源黄芪、广灵小米、岢岚红芸豆、应县紫皮蒜等。公司采用创新的种植技术，保证产品的原汁原味，每一款产品都经过严格的筛选和检验，确保品质优良	
	产品卖点	卖点1	养生保健：传统的中药材，能够帮助人们保持身体健康，预防疾病
		卖点2	美容养颜：富含多种营养成分，包括多糖、黄酮、氨基酸等，有助于滋养肌肤、增加皮肤弹性
	产品展示方式	近景展示产品细节	
	目标受众	注重美容养颜的女性	
	直播间利益点	原价：109.9元/包 直播活动价：79.9元/包	
广灵小米	讲解时间	①19:45 开始讲解 ②讲解时长：10分钟	
	品牌介绍	"晋富农"是一家专注于销售山西特色农产品的公司，致力于为消费者提供优质、安全、健康的山西特色农产品，包括大同黄花、浑源黄芪、广灵小米、岢岚红芸豆、应县紫皮蒜等。公司采用创新的种植技术，保证产品的原汁原味，每一款产品都经过严格的筛选和检验，确保品质优良	
	产品卖点	卖点1	营养丰富：富含蛋白质、脂肪、碳水化合物、纤维素、维生素和矿物质等多种营养成分
		卖点2	口感独特：米粒饱满，糯而不腻，外皮松软，内里细腻，带有香甜的味道
	产品展示方式	①近景展示产品细节 ②试吃	
	目标受众	追求高品质生活的人	
	直播间利益点	原价：49.8元/袋 直播活动价：29.8元/袋	

表4-16　单场直播脚本

直播主题	"山西特色农产品"直播促销活动				
直播目标	提高销售额				
主播与助播	主播：张琳；助播：范平				
直播时间	2024年2月7日，19:00—20:00				
注意事项	①有效控制产品讲解节奏；②强调产品独特卖点，以提高观众购买意愿；③注意回答观众的问题，增加互动，营造良好的直播氛围				

	时间段	流程安排	人员分工			直播话术
			主播	助播	场控	
直播流程与人员安排	19:00—19:05	开播暖场	自我介绍、开场互动，营造热烈的氛围	配合主播发言，烘托氛围	在官方账号、社群等推送开播通知	大家好，我是张琳，这位是范平。欢迎大家进入直播间
	19:05—19:15	主题介绍	介绍活动主题，引导关注	演示关注方法	发送红包	今天是我们的"山西特色农产品"直播促销活动，我们将会为大家带来一些高品质的山西特色农产品。本场直播福利多多，请大家多点点关注哦
	19:15—19:25	产品讲解：大同黄花	介绍大同黄花的特点、功能等，突出产品卖点	协助主播进行产品卖点介绍	添加产品链接，设置产品库存	今天向大家推荐的第一款产品是我们的大同黄花。大同黄花是一种优质的茶花品种，其花瓣肥厚，质地鲜嫩，入口就能感受到细腻、醇厚的口感。无论是用来泡茶还是制作花茶，都能体验到大同黄花的独特口感。另外，大同黄花还散发着浓郁的花香，茶香和花香相互交融，能够帮助大家放松身心，舒缓疲劳。原价59.9元一包，今天我们直播间活动价只要39.9元一包哦！心动的朋友可以快快下单哦
	19:25—19:30	福利赠送	介绍福利活动玩法及规则，引导观众参与	演示活动参与方式	收集获奖观众的信息	朋友们，现在要开启我们的福利了，刚进直播间的朋友可以关注一下主播和我。下面，我们来抽取第一波神秘大奖吧

	时间段	流程安排	人员分工			直播话术
			主播	助播	场控	
直播流程与人员安排	19:30—19:40	产品讲解：浑源黄芪	介绍浑源黄芪的特点、功能等，突出产品卖点	协助主播进行产品卖点介绍	添加产品链接，设置产品库存	接下来给大家带来的是具有养生保健功能的浑源黄芪。黄芪是一种传统的中药材，被广泛应用于养生保健领域。它具有调节免疫功能、提高人体抵抗力的功效，常被用于改善体质、增强免疫力。另外，黄芪中富含多种营养成分，包括多糖、黄酮、氨基酸等，有助于滋养肌肤、增加皮肤弹性、淡化皱纹和斑点。原价109.9元一包，今天我们直播间活动价只要79.9元一包哦！心动的朋友可以快快下单哦
	19:40—19:45	福利赠送	介绍福利活动玩法及规则，引导观众参与	演示活动参与方式	收集获奖观众的信息	朋友们，福利来咯。新进直播间的朋友们，点个关注支持一下主播。下面就要抽取我们的神秘大奖了
	19:45—19:55	产品讲解：广灵小米	介绍广灵小米的特点、功能等，突出产品卖点	协助主播进行产品卖点介绍	添加产品链接，设置产品库存	最后，主播给大家带来的是具有超高营养价值的广灵小米。广灵小米富含蛋白质、脂肪、碳水化合物、纤维素、维生素和矿物质等多种营养成分，能够为人体提供全面、均衡的营养，满足身体对各种营养的需求。另外，广灵小米颗粒饱满，口感独特，煮熟后糯而不腻，外皮松软，内里细腻，带有香甜的味道。它可以用于制作各种美食，如小米粥、小米饭、小米面等。无论是煮食，还是蒸食，都能保持其独特的口感和风味。原价49.8元一袋，今天我们直播间活动价只要29.8元一袋哦！库存不多，心动的朋友可以快快下单

续表

	时间段	流程安排	人员分工			直播话术
			主播	助播	场控	
直播流程与人员安排	19:55—20:00	下播＋下场直播预告	总结本场直播，感谢观众，预告下场直播相关信息	演示并引导观众关注直播间	—	今天我们的直播活动就要结束了，感谢大家的支持和陪伴。错过本场活动的朋友们不要担心，明天同一时间，晚上七点整，主播会准时出现在直播间等你们，给你们带来更多的山西特色农产品。左上角点击关注，明天我们不见不散哦

任务拓展

　　小秦是一名零食爱好者，也是某公司一名资深的零食主播。近期，公司打算开展一场"辣条大放送"直播促销活动，主要目的是帮助公司提高辣条的销售额。

　　请同学们根据本任务所学内容，扫描右侧二维码，获取辣条产品信息，帮助小秦设计并撰写辣条的单品直播脚本，完成表4-17。

辣条产品信息

表4-17　辣条的单品直播脚本

脚本要点		具体说明
讲解时间		
品牌介绍		
产品卖点	卖点1	
	卖点2	
	卖点3	
	……	
产品展示方式		
目标受众		
直播间利益点		

任务4.3　直播场景搭建

案例导入

蒋晗的家乡出产美味的黄小米，往年蒋晗的父母和周边农户都是采收后直接卖给来收购的客商。近年来由于市场变化，来当地收购小米的客商锐减，并且客商将收购价压得非常低，蒋晗的父母和其他农户辛苦种植、采收，结果却收益微薄。

蒋晗知道这些情况后，非常心疼自己的父母和周边的农户，他想帮助他们进行线上销售。思来想去，蒋晗觉得做传统电商太复杂，从店铺装修、美工摄影、文案创作到后台客服等需要太多程序，自己一个人很难驾驭；直播电商就不一样了，只要满足了平台粉丝数、视频数要求，实名认证后，拿起手机就能直播。此外，农产品及产地具有直播的天然优势，田园牧歌式的乡村场景，新鲜生动的现场采收或加工展示，容易吸引、感染观众，从而使他们产生购买欲望，增强消费黏性。

因为是销售自家出产的农产品，货源有保证，所以蒋晗想尝试在抖音平台做直播。蒋晗首先想直播父母采收黄小米的过程，因为是户外直播，用手机就可以。为了避免直播卡顿，蒋晗选择了一款内存大、续航能力强、像素高的手机。此外，考虑到手机在户外的收音效果不好控制，蒋晗还配备了一个动圈话筒，它在过滤周围的环境噪声方面有不错的效果。

首次直播，蒋晗就简单准备了这些设备，他打算后期进行室内直播时再逐步添加其他设备。

【案例思考】

通过阅读案例，思考并回答以下问题：

（1）手机直播和计算机直播所需要的设备有什么不同？

（2）选择直播设备时有哪些注意事项？

任务知识

一、直播场景的分类与选择

开展直播电商活动，不能只关注"货"，即产品，还要注意选择合适的场景，激发观众的购买热情。根据直播产品品类的不同，可以搭建不同的直播场景，常见的直播场景如下。

（一）原产地直播场景

将生鲜、农产品的原产地，如田间地头、鱼塘、牧场等作为直播场景，让观众更直观地了解产品源头，一方面，可以向观众证明产品品质有保证，使观众放心购买；另一方面，主播直接在产品原产地销售，可以带给观众更加实惠的价格，使观众无须再价比三家。图4-23所示为原产地直播场景。

（二）工厂直播场景

将工厂作为直播场景，可以更加直观、真实地还原产品的生产流程和生产过程，如可以展示各类食品的加工及包装过程，操作透明化，让观众对产品的原料和品质放心，并且主播可以直接将工厂货源以高性价比的价格卖给观众。图4-24所示为工厂直播场景。

图4-23　原产地直播场景

图4-24　工厂直播场景

（三）体验直播场景

打造体验直播场景，就是为了让观众在主播的带领下，更好地感受产品的使用体验。而要实现这一点，首先就需要保证体验直播场景能够再现观众的生活场景，只有这样才能给观众带来身临其境的感觉。图4-25所示为体验直播场景。

（四）娱乐直播场景

除了带货讲解，还有不少直播间通过别具一格的设计，打造剧场式、综艺式的娱乐直播场景，放大直播效果。例如，有的主播化身神话角色，推荐小众香水，营造出神秘浪漫的气氛；有的主播作古风装扮，上演宫廷剧带货，用连续剧的形式吸引观众在直播间"追剧"；还有的主播用迷你厨房小道具表演做菜，打造陪伴式带货场景。图4-26所示为娱乐直播场景。

（五）教学直播场景

教学直播场景通过特定领域的线上教学吸引目标受众，常见的有形体礼仪教学、有氧瑜伽教学、手工手绘教学、声乐美术教学等。这类直播在固定时间开播以增强观众黏性，用"跟练陪练"的形式增加观众的停留时长，再进行相关产品或线上课程的销售。图4-27所示为教学直播场景。

图4-25　体验直播场景

图4-26　娱乐直播场景

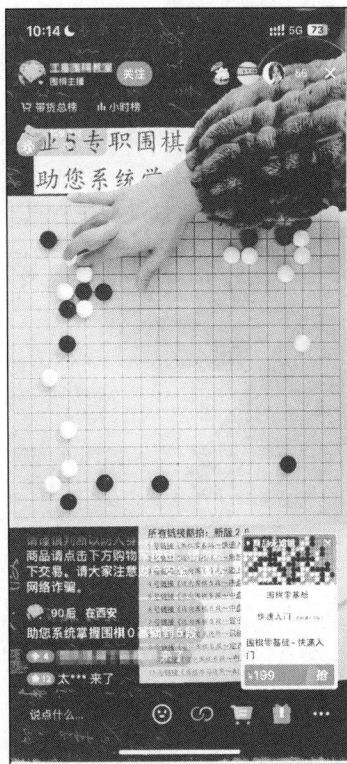

图4-27　教学直播场景

二、直播设备的准备与组装

要想做好直播，带给观众良好的体验，直播运营人员需要根据自身需求和预算选择合适的直播设备，并将各种设备调试到最佳状态。

根据环境和场景的不同，直播可以分为室内直播和室外直播，所需直播设备分别为室内直播设备和室外直播设备。

（一）室内直播设备

室内直播通常适合一些对光线要求和对细节展示要求高的产品，如服装、食品、美妆产品等。室内直播所需设备主要有以下几种。

1. 摄像头

摄像头是进行视频直播的基础设备。目前直播常用摄像头有三种，分别是带有固定支架的摄像头、软管式摄像头和可拆卸式摄像头。

（1）带有固定支架的摄像头

带有固定支架的摄像头可以独立置于桌面，或者夹在计算机屏幕上，使用者可以转动摄像头的方向。这种摄像头的优势是比较稳定，能防止拍摄过程中产生震动。

（2）软管式摄像头

软管式摄像头带有一个能够随意变换、扭曲形状的软管支架，其软管能够多角度自由调节，即使被扭成 S 形或 L 形也可保持稳定，让主播实现多角度自由拍摄。

（3）可拆卸式摄像头

可拆卸式摄像头（见图4-28）是指可以从底盘上拆卸下来的摄像头。单独的摄像头能够内嵌、对接卡扣在底盘上，主播可以使用支架或其他工具将其固定在计算机屏幕顶端或其他位置。

2. 耳机

耳机可以让主播在直播时能够听到自己的声音，从而更好地控制音调、分辨伴奏等。直播常用的耳机主要有入耳式耳机（见图4-29）和头戴式耳机（见图4-30）两种。

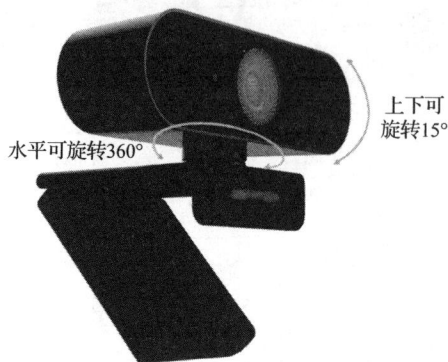

水平可旋转360°

上下可旋转15°

图4-28　可拆卸式摄像头　　　图4-29　入耳式耳机　　　图4-30　头戴式耳机

3. 话筒

音效也会直接影响直播的质量。直播时常用的话筒分为两类：动圈话筒（见图4-31）和电容话筒（见图4-32）。

动圈话筒最大的特点是声音清晰，能够真实地还原高音。动圈话筒又分为无线动圈话筒和有线动圈话筒，目前大多数无线动圈话筒都支持苹果和安卓系统。动圈话筒的不足之处在于其收集声音的饱满度较差。

电容话筒的收音能力极强，音效饱满、圆润，让人听起来很舒服，也不会产生尖锐高音带来的突兀感。但需要注意的是，由于电容话筒敏感性很强，容易形成喷麦，因此使用时需要给其装上防喷罩。

图4-31　动圈话筒　　　　　　　　　图4-32　电容话筒

4. 声卡

声卡（见图4-33）是直播时使用的专业收音和声音增强设备，一台声卡可以连接多个设备，包括电容话筒、伴奏用手机、直播用手机和直播用耳机等。

5. 灯光设备

为了调节直播环境中的光线效果，直播布景时需要配备灯光设备。常见的灯光设备有环形补光灯（见图4-34）和八角补光灯（见图4-35）两种。此外，专业级直播还需要配置更加专业的灯光组合，如柔光灯、无影灯、美颜灯等。

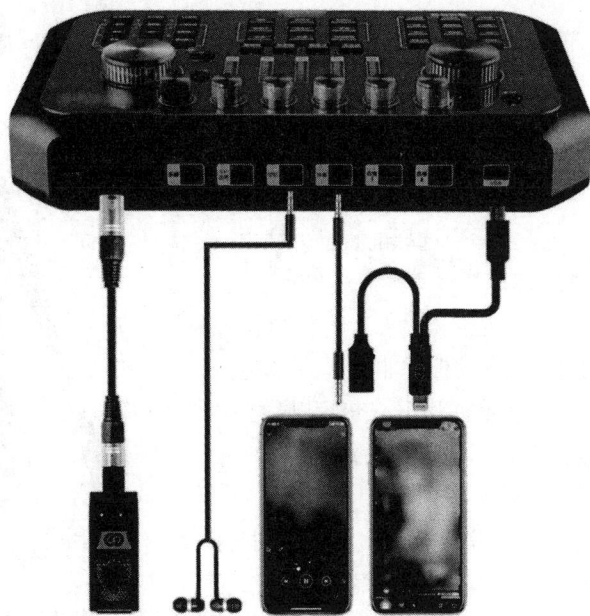

48V话筒 直播用耳机 伴奏用手机 直播用手机

图4-33 声卡

图4-34 环形补光灯

图4-35 八角补光灯

6. 计算机和手机

计算机和手机可以用来查看直播间评论，让主播与观众进行互动。主播也可以用手机上的摄像头来拍摄直播画面。若要直播计算机屏幕上的内容，可以使用OBS（Open Broadcaster Software，一个免费的视频录制和视频实时交流软件）这一软件；若要直播手机屏幕上的内容，则可以在计算机上安装手机投屏软件，然后再进行直播。

7. 支架

支架（见图 4-36）用来放置摄像头、手机或话筒，它既能解放主播的双手，让其做一些动作，也能增加摄像头、手机和话筒的稳定性。

（二）室外直播设备

室外直播也是现在很多主播会选择的直播方式之一，室外直播设备主要有以下几种。

1. 手机

手机是室外直播的必备设备，但并非每款手机都适合做室外直播。用来进行室外直播的手机，CPU 和摄像头配置要高，可以选用中高端配置的苹果或安卓手机。

2. 上网流量卡

网络是室外直播首先需要解决的问题，因为它对直播画面的流畅度有非常直接的影响。如果网络状况较差，直播画面就会出现卡顿现象，甚至出现黑屏情况，会严重影响观众的观看体验。因此，为了保证室外直播的流畅度，主播需要配置信号稳定、流量充足、网速快的上网流量卡（见图 4-37）。

3. 手持稳定器

在室外做直播，通常需要到处走动。一旦走动，镜头就会抖动，这样必定会影响观众的观看体验。虽然一些手机具有防抖功能，但其防抖效果毕竟有限，所以主播需要配备手持稳定器来保证拍摄效果和画面稳定。

4. 运动相机

在室外进行直播时，如果主播不满足于手机平淡的拍摄视角，就可以使用运动相机来拍摄。运动相机是一种便携式的小型防尘、防震、防水相机，体型小巧，佩戴方式多样，拥有广阔的拍摄视角，也可以拍摄慢速镜头。主播可以在一些极限运动中使用运动相机进行拍摄。

5. 自拍杆

使用自拍杆（见图 4-38）拍摄能够使直播画面呈现得更加完整，更加有空间感。就室外直播而言，带美颜补光灯的自拍杆和能够多角度自由翻转的蓝牙自拍杆较受欢迎。

6. 移动电源

很多直播设备都是需要用电的，而室外直播不像室内直播那样充电方便，所以做室外直播需要配备移动电源，以便随时给直播设备充电，避免影响直播的正常进行。

三、直播间物料准备

直播开始前，直播运营团队需要根据实际需求准备直播间物料，主要包括以下几类。

图4-36　支架

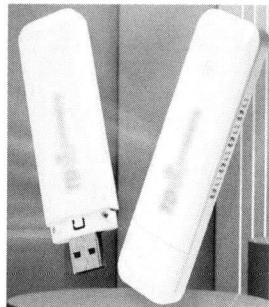

图4-37　上网流量卡

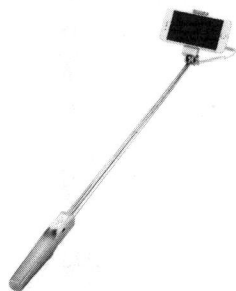

图4-38　自拍杆

（一）产品样品及宣传物料

在直播开始前，直播运营团队需要提前准备直播产品的样品，以便在直播过程中主播能够快速找到产品并进行全方位展示。此外，还需要准备产品展示架，以及包括产品宣传海报在内的一系列以产品为中心的宣传物料。

（二）提词器或提词板

直播电商活动的即时性要求直播过程不能出现任何差错。在直播过程中，如果工作人员想要向主播提示某些关键词，就需要用提词器或提词板来配合。

提词内容包括产品关键信息、抽奖信息、后续活动信息和向其他平台导流的台词等。一场直播中，主播要讲的内容非常多，如果不提前准备提词内容，主播难免会在直播中遗漏部分信息。

（三）辅助道具

直播运营团队还要根据需求，准备直播过程中可能会用到的其他辅助道具，如线下产品照片、做趣味实验要用到的工具、道具板、手机、平板电脑、电子大屏、计算器等。在直播过程中，主播可以在道具板上用文字、图片的形式展示自己的身高和体重、产品的尺码、福利信息等，可以使用手机、平板电脑等向观众展示产品卖点、优惠券领取方式等，还可以使用计算器计算产品的组合价、折扣等，以突出产品的价格优势，刺激观众下单。

四、直播间场景搭建

直播之前，直播团队需要根据直播产品品类和直播需求提前完成直播场地布置、直播场地区域规划、直播间背景布置，以及直播间灯光布置等。

（一）直播场地布置

布置直播场地时需要考虑直播的主题、产品等信息。室内场地可以布置符合个人风格的直播间，适合展示小件的产品。室外场地则可以展示更加真实直观的情境，推荐某些产品时会比较有优势。例如，当主播需要推荐水果时，亲自去果园带观众观看果园环境，体验采果环节，会更容易获得观众信任，促进下单。

1. 室内直播场地布置注意事项

在室内布置直播场地需要注意五项内容：隔音房间选择、背景干净无杂物、场景风格统一、保证光线效果及注意场地深度。

（1）隔音房间选择

在室内进行直播，为了实现良好的直播效果，需要挑选一个隔音效果好的房间，这样可以有效避免杂音干扰。

（2）背景干净无杂物

室内空间小，一旦放置较多杂物，呈现在直播画面中就会显得非常凌乱，影响观众的观看效果。因此，在直播产品较多的情况下，直播间要留出足够的空间放置其他待播产品。有些直播间会配置桌椅、黑板、花卉等道具，也要考虑为这些道具预留空间。此外，有些直播除了有主播，还会有助播、助理等人员，所以直播运营团队在选择场地时要考虑为这些人员预留出工作空间。

（3）场景风格统一

为了保证良好的直播效果，在布置直播场地时要尽可能考虑到此次直播的主题，选择与主题相协调的风格。例如，需要推荐国风款服饰，可以选择古色古香的场景，这样更容易使观众进入相应的情境，获取更好的观看体验。

（4）保证光线效果

室内直播最怕光线不够充足，不能如实呈现产品的颜色。如果确实存在光线不足的问题，可以通过选择阳光充足的房间或者布置灯光来解决。

（5）注意场地深度

如果直播中需要展示一些体积较大的产品，如钢琴、冰箱、电视机等，就要注意场地的深度。如果场地深度不够，在拍摄产品时就可能会因为摄像头距离产品太近，而导致直播画面不能完整展示产品，或者出现直播画面不美观的情况。

2. 室外直播场地布置注意事项

室外场地比较适合直播体积较大的产品，或者需要展示采购现场的产品，如在码头现场挑选海鲜等。

直播运营团队选择在室外场地直播时，需要考虑以下因素。

一是室外的天气情况。一方面要做好下雨、刮风等事件的应对措施，另一方面要设计室内直播备用方案，避免在直播中遭遇极端天气而导致直播中断或延期。另外，如果选择在傍晚或夜间直播，还需要配备补光灯。

二是室外场地不宜过大。在直播过程中，主播不仅要介绍各类产品，还要回应观众提出的问题。如果场地过大，主播容易把时间浪费在行走上。

三是场地美观度。对于室外婚纱照拍摄之类的对画面美观度要求较高的直播来说，一定要保证室外场地的美观度，而且场地中不能出现杂乱的人流、车流等。

（二）直播场地区域规划

一个规划合理的直播场地，通常包括直播区、后台区、产品摆放区和其他区域，不同区域有不同的功能和大小，如表 4-18 所示。

表 4-18　直播场地区域规划

区域	规划
直播区	主播和助播直播区域，用于展示直播间背景、直播产品、道具等，可以根据直播产品体积来灵活调整
后台区	直播幕后工作人员所在区域，用于放置直播使用的计算机、摄像头等设备，以及各类直播辅助工具
产品摆放区	摆放直播中需要讲解的产品样品。如果产品数量较多，则需要安排货架，将产品按照类别整齐地归置好，以便让幕后工作人员可以在最短的时间内找到所需产品，可以根据直播产品体积来灵活调整
其他区域	主播试衣间，或者放置其他搭配品的场地

（三）直播间背景布置

直播间的背景布置要遵循简洁明了的原则，不能抢主播的风头。一般来说，直播间的背景颜色以浅色或纯色为宜，如灰色、米色、棕色等。直播团队可以在背景墙上添加店铺、主播的名字，或者品牌的 Logo，让直播间更具辨识度。

如果直播团队觉得背景墙的画面太单调，可以在直播间适当摆放一些摆件，如沙发、绿植等。直播团队在选择摆件时也要遵循简洁明了的原则，所选择的摆件要与直播间背景的风格相契合。

（四）直播间灯光布置

直播间的灯光布置也非常重要，因为灯光不仅可以营造气氛，塑造直播画面风格，还能起到为主播美颜的作用。直播间的灯光主要包括主光、辅助光、轮廓光、顶光、背景光、产品光等。

1. 主光

主光是在整个拍摄过程中占据支配地位的光，常称为"基调光"或"造型光"。在直播过程中，需要有来自不同方位的光线进行照明，而在这些光线中必有一种光线起着主导作用，这就是主光。主光应该正对着主播面部，与摄像头上的镜头光轴形成 0° ~ 15° 的夹角，这样能够使主播面部光线充足、匀称，皮肤显得白皙。但需要注意的是，如果只有主光，视频画面看上去会过于"平"，缺乏立体感。

2. 辅助光

辅助光又称"副光"，其作用在于弥补主光的不足，照亮主光所不能照亮的侧面。在直播间使用辅助光，能够增加主播整体形象的立体感。但需要注意的是，在调试时要注意避免因一侧光线太亮而导致直播画面曝光过度。

3. 轮廓光

轮廓光是对着摄像头方向照射的光线，又称为"逆光"，它能够勾画主播轮廓。当主播和背景影调重叠时，轮廓光能起到分离主播和背景的作用，使主播的主体形象更加突出。

4. 顶光

顶光是从主播头顶位置进行照射的光。在这种光线下，主播的头顶、前额、鼻头很亮，下眼窝、两腮和鼻子下面完全处于阴影之中，有利于轮廓塑造。但需要注意的是，顶光的位置距离主播头顶最好在两米以内。

5. 背景光

背景光又称"环境光"，是照明主播周围环境及背景的光线。背景光的作用是调整主播周围的环境及背景影调，加强直播场景的气氛。由于背景光最终呈现的是均匀的灯光效果，因此在布置背景光时要尽量采取低亮度、多光源的方法。

6. 产品光

主播在讲解产品的过程中，有时需要将产品拿到镜头前对产品进行特写，以向观众展示产品的细节。因此，直播团队可以在摄像头旁边增加一个环形灯或柔光球作为产品灯，让产品在特写展示时不失光泽，具有吸引力。

📚 任务实施：农产品直播场景搭建

任务背景

朋友建议蒋晗除了在户外直播，也可以在室内进行直播。为了保证直播效果，就要搭建专门的直播间。从直播场地布置、直播场地区域规划、直播间背景布置、直播间灯光布置到直播间物料摆放，蒋晗和几个做直播电商的朋友共同商议、共同搭建，请你协助蒋晗他们完成这些事项。

任务操作

直播场景搭建，可参照如下步骤进行。

步骤1：选择直播场地

对直播场景搭建而言，首先要考虑的是选择直播场地，一般直播场地的选择主要是室内场景或者室外场景。既然决定进行室内直播，蒋晗毫不犹豫地选择了环境安静、隔音效果好的室内场地，场地面积大约20平方米。

步骤2：选择直播设备

确定了直播场地之后，接下来需要选择直播设备。一般而言，室内直播需要的直播设备有摄像头、耳机、话筒、声卡、灯光设备、计算机、手机、支架等。因为前期预算有限，蒋晗可用于购置直播设备的预算是20000元。请通过对比各种设备的性能，确定一套合适的直播设备，并列出直播设备参考清单，包括设备名称、数量、参数说明、参考价格等，具体内容填在表4-19中。

表4-19　直播设备参考清单

设备名称	数量	参数说明	参考价格

步骤3：直播间背景布置

农产品直播间的背景布置要遵循简洁明了的原则，背景不能抢主播的风头。一般来说，农产品直播间的背景颜色以绿色、黄色、蓝色等为宜，背景主题可以选择农业、自然或乡村风格的背景图案或元素，如农田、农作物、农机等。

因为蒋晗销售的是黄小米，其颜色为黄色，为了突出黄小米的特点，并且让直播画面在整体上看起来和谐、统一，他选择以黄小米种植场景为主背景。

步骤4：直播间场地区域规划

在农产品直播中，主播通常采取坐播的方式。因为直播间的空间有限，直播区一般位于中心位置，产品摆放区在主播的前方，用陈列架放置待展示的产品。背景选用虚拟直播场景或原产地场景等。

步骤5：直播间灯光布置

直播间的灯光布置也非常重要，因为灯光不仅可以营造氛围、塑造视频风格，还能够美化画面、更细致地展现产品。蒋晗的直播间使用环形补光灯、八角补光灯、顶灯等营造明亮、温暖的气氛，具体灯光布置如图4-39所示。

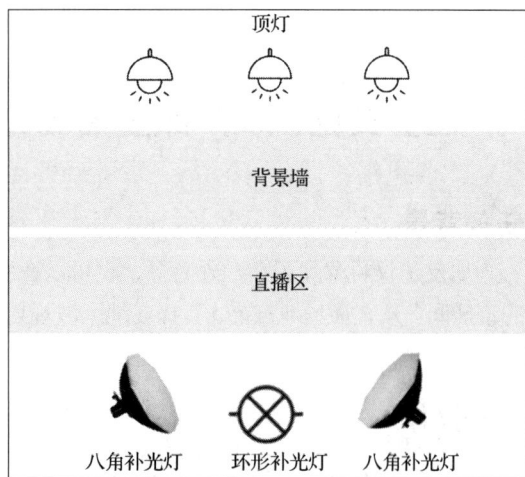

图4-39　直播间灯光布置

任务拓展

小陈是一名美食达人，平日不仅喜欢全城搜罗各类美食小店，还喜欢在网上淘全国各地的美味零食，并且她将这些都拍成了生动有趣的短视频进行分享，积累了大量粉丝。有粉丝建议小陈进行直播带货，小陈心动了，决定将直播作为自己的新事业。

请同学们根据本任务所学内容，帮助小陈进行直播前的筹备与场景搭建准备。

小陈是个人主播，为了保证直播效果，她拿出了5000元作为购买直播设备的预算。请你帮助小陈列出适合她的设备参考清单，具体内容填写在表4-20中。

表4-20　直播设备参考清单

设备名称	数量	参数说明	参考价格

小陈对美食有擅长之处，但想要做好美食直播，她还需要进一步了解不同美食直播间的场景，包括场地布置、背景布置、灯光布置等的不同。请你帮助小陈分析三个美食直播间的场景，将分析内容填写至表4-21。

表4-21　直播间场景分析

直播间名称	直播间场景	场景优点	场景缺点

职业视窗

中国广告协会发布《网络直播营销选品规范》

2021年3月18日，中国广告协会召开《网络直播营销选品规范》（以下简称《选品规范》）发布会，这是中国广告协会继2020年6月发布国内首份《网络直播营销行为规范》后发布的关于网络直播营销选品的自律规范。多家拥有众多头部主播的MCN机构参加会议，对中国广告协会的网络直播营销活动规范表示支持并签署了《诚信自律承诺书》。

据介绍，《选品规范》旨在为网络直播营销及直播选品、直播销售和售后服务活动提供指南。《选品规范》包括条文和附件《常见行业商家商品资质要求》两部分，涉及商家、商品资质、质量检验把控、商品的直播描述、直播后出现质量问题的消费者权益救济，以及主播和机构在选品方面的基本要求和导向等。

中国广告协会会长张国华在致辞中表示，网络直播营销近年来对促进消费扩容提质起到了积极作用，在消费领域表现尤为亮眼。选品是网络直播营销业态的基础和源头，也是网络直播营销活动行为规范的关键环节之一。选品做好了，商品质量把握住了，一方面能提升直播营销效果，另一方面能有效降低直播营销活动的风险。中国广告协会出台《选品规范》具有积极意义：一是及时追踪了当前网络直播营销业态发展快、作用大，但是门槛低的特点，对于帮助主播和机构提升选品能力、健全直播营销业态有积极作用，十分必要和及时；二是直击业态发展中的问题痛点，直播营销中的产品质量问题是消费者投诉和反映比较集中的问题，行业组织加强选品规范，将能有效维护消费者合法权益，有助于营造良好的消费环境；三是体现行业自律的出发点和落脚点，将助推主播和机构的诚信建设，保护消费者权益，服务业态健康发展，服务扩大国内市场，积极参与构建社会共治体系，体现行业组织的社会价值。

淘宝、抖音、快手、B站、小红书等头部平台企业代表参加发布会，认为《选品规范》能够为业务提供风险提示，对相关业务开展起到保驾护航的作用。

职业技能训练

一、单项选择题

1. 在选择直播手机时，需要重点关注的内容不包括（　　）。

    A. 手机的价格与主播的采购预算相适应

    B. 手机系统的运行速度

    C. 手机的外观

    D. 手机摄像头的像素

2. 下列不属于计算机直播所需设备的是（　　）。

    A. 宽带　　　　　　B. 摄像头　　　　　　C. 手机支架　　　　　　D. 话筒

3. 突显主播轮廓，使主播的形象相对突出，避免与身后的背景影调过度融合，这是（　　）的作用。

    A. 背景光　　　　　　B. 环境光　　　　　　C. 轮廓光　　　　　　D. 顶光

4. 直播幕后工作人员所在的地方，并且用于放置直播使用的提示牌、小黑板、计算器等辅助工具的区域属于（　　）。

    A. 休息区　　　　　　B. 后台区　　　　　　C. 产品区　　　　　　D. 客服区

5. 关于室外直播场地规划，下列说法错误的是（　　　）。

　　A. 室外直播场需要提前考虑当地的天气状况，做好极端天气的应对措施

　　B. 室外直播场地追求原生态，对场地环境没有要求

　　C. 需要展示采收或加工现场的农产品，可以选择室外直播场地

　　D. 即便选择了室外直播，也应设计室内直播备用方案，避免在直播中遭遇极端天气而导致直播中断或延期

二、多项选择题

1. 直播间核心区域包括（　　　）。

　　A. 直播区　　　　　　B. 产品摆放区　　　C. 后台区　　　　　D. 物流区

2. 直播间的灯光包括（　　　）。

　　A. 主光　　　　　　　B. 轮廓光　　　　　C. 背景光　　　　　D. 顶光

3. 关于室内直播场地规划，下列说法正确的是（　　　）。

　　A. 室内直播场地需要提前测试直播场地的隔音和回音效果，以免在直播过程中形成杂音干扰

　　B. 室内直播场地越大越好，这样主播可以陈列所有的直播产品

　　C. 直播间场地环境要保持干净、整洁、明亮，切忌脏乱差

　　D. 室内直播可以结合直播类目规划场地大小

三、判断题

1. 绿幕虚拟场景换景较为方便，可以根据直播产品实时切换，做到一物一景。（　　　）

2. 如果直播过程中需要经常移动，主播可以选择无线领夹式话筒，这类话筒收音效果清晰，使用便携。（　　　）

3. 在选择直播灯具时要注意色温值。色温值越低，灯光越冷；色温值越高，灯光越暖。（　　　）

4. 通过手机进行直播时，为了保证手机的续航能力，可以配备移动电源。（　　　）

学习成果评价

学生基本信息						
姓名		分组				
实训科目		实训指导教师				
类别	项目要求	分值	评分细则	自我评价	小组评价	教师评价
素养（30分）	直播预热内容遵守相关的法律法规要求	15分	直播预热内容不符合相关法律法规得0分			
	直播预热内容传播社会正能量	15分	直播预热内容传播负能量得0分			
核心技能（70分）	能够根据直播预热需求进行直播标题撰写与封面设计	35分	直播标题撰写符合平台规范要求得5分，标题内容描述具有吸引力得5～30分			
	能够根据直播需求进行直播间场景搭建与设计	35分	直播间场景搭建符合直播营销的需求得5分，直播物料与设备准备无误5～30分			
	合计	100分	—			
总分（加权平均分，自我评价20%，小组评价30%，教师评价50%）：						
组长签字		教师签字				

项目5
节奏氛围总指挥：直播控场与观众互动

学习目标

知识目标

1. 了解淘宝直播开通及产品上架的方法。
2. 熟悉抖音直播开通及产品上架的方法。
3. 掌握把控直播节奏的方法。
4. 熟悉调节直播氛围的方法。
5. 了解观众互动的方式。
6. 熟悉销售转化的策略。

能力目标

1. 能够掌握淘宝直播开通设置的规则，完成产品上架。
2. 能够掌握抖音橱窗开通及产品上架的规则，完成橱窗开通及产品上架。
3. 能够根据直播环节，合理安排直播时间，把控直播节奏。
4. 能够分析观众特点，完成观众互动设计，促进销售转化。

素养目标

1. 具备规则意识，严格遵守不同直播平台的开通规则。
2. 具备良好的沟通能力，能够与粉丝积极互动。

学习导引

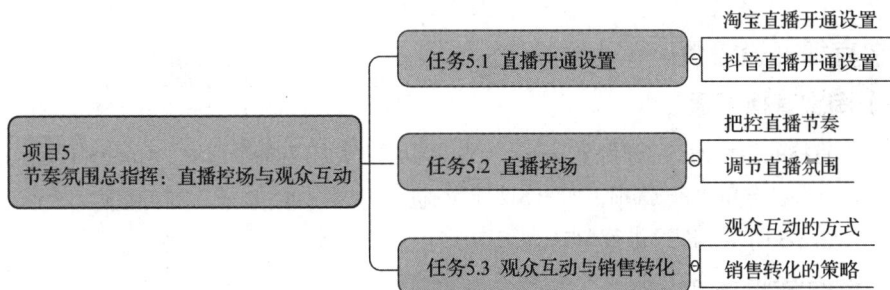

任务5.1　直播开通设置

案例导入

　　小金是山西人，同时也是一名农产品宣传博主，在抖音平台拥有5万余名粉丝。她发现抖音平台大力支持创作者进行"助农扶农"，因此想通过直播的方式为家乡农产品进行宣传与推广。小金需要选择直播平台，并完成直播的开通与产品的上架。

　　经过调研和比较，小金决定选择抖音的直播功能来进行农产品宣传与推广。抖音平台拥有广大的用户群体和强大的社交网络，她相信这将为她的宣传活动吸引更多的观众。小金迅速注册了抖音的创作者账号，并开始进行直播开通设置。她按照抖音平台的指引完成身份验证和账号绑定，并提交了商家认证申请。同时，她仔细阅读抖音平台的直播规则和政策，确保自己了解并严格遵守相关规定。

　　完成开通流程后，小金开始准备产品的上架。她选择了家乡的优质农产品，并认真整理了每个产品的文字、图片和视频素材。她特别注重展示产品的特色和优势，并运用创意和吸引人的方式来引起观众注意。

　　小金在抖音平台的店铺中添加了每个产品的详细信息，包括名称、规格、产地、特点等。她精心设计了吸引人的产品标题和描述，同时优化了关键词，以便用户更容易搜索到她店铺的产品。在产品上架完成后，小金通过抖音平台的直播功能开始了自己的宣传与推广。她制订了一系列直播计划，并通过提前宣传和预告吸引粉丝和观众的关注。

　　通过抖音平台的直播功能，小金成功宣传、推广了家乡的农产品，并吸引了大量粉丝和观众进行购买。她非常自豪能够为家乡的农业发展贡献一份力量，同时她也决心继续利用抖音平台的影响力，为更多优质农产品进行推广，为农民增加收入，推动农业的发展。

【案例思考】

通过阅读案例，思考并回答以下问题：

（1）如何选择合适的直播平台？

（2）小金是如何在抖音直播平台完成产品上架的？

任务知识

一、淘宝直播开通设置

（一）淘宝直播开通

　　开通淘宝直播的流程为：打开淘宝App，点击首页的"淘宝直播"模块，如图5-1所示；进入淘宝直播首页，点击右上角"+"选项，如图5-2所示；进入直播界面，设置直播参数后，点击"开始直播"按钮，如图5-3所示，即可进行淘宝直播。

（二）淘宝直播产品上架

　　淘宝直播产品上架流程为：打开淘宝App，进入"开始直播"界面，点击"商品"选项，如图5-4所示；进入"商品上架"界面，点击"推荐商品"选项，如图5-5所示；选择所需产品后，点击"推送到口袋"按钮，如图5-6所示；确定产品顺序后，点击"确认"按钮，如图5-7所示；最终完成产品上架，如图5-8所示。

图5-1 点击"淘宝直播"模块

图5-2 点击"+"选项

图5-3 点击"开始直播"按钮

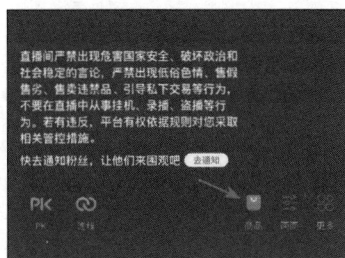

图5-4 点击"商品"选项

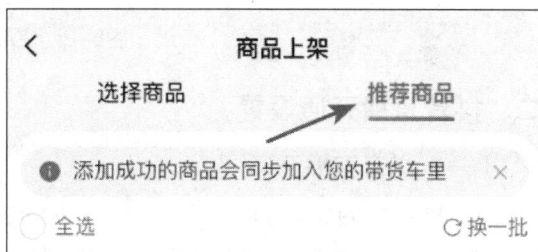

图5-5 点击"推荐商品"选项

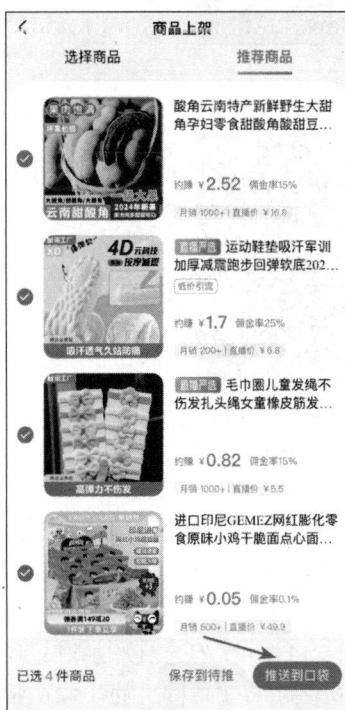

图5-6 点击"推送到口袋"按钮

图5-7 点击"确认"按钮

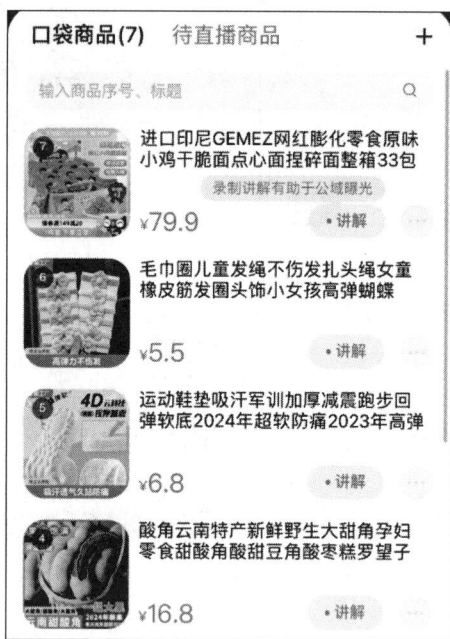

图5-8 完成产品上架

二、抖音直播开通设置

（一）抖音直播开通

开通抖音直播的流程为：打开抖音 App，点击底部"+"按钮，如图 5-9 所示；进入直播界面，点击"开始视频直播"按钮，如图 5-10 所示，即可进行抖音直播。

图5-9 点击"+"按钮

图5-10 点击"开始视频直播"按钮

（二）抖音橱窗开通

开通抖音橱窗的流程为：打开抖音 App，点击"我"选项，点击"抖音创作者中心"选项，如图 5-11 所示；点击"全部"选项，如图 5-12 所示；在工具服务的"变现"一栏，点击"电商带货"选项，如图 5-13 所示；点击"立即加入抖音电商"按钮，如图 5-14 所示；勾选相关协议后点击"同意授权"按钮，如图 5-15 所示；选择资质类型，完成带货资质填写并提交审核，如图 5-16 所示；最终完成抖音橱窗的开通，界面如图 5-17 所示。

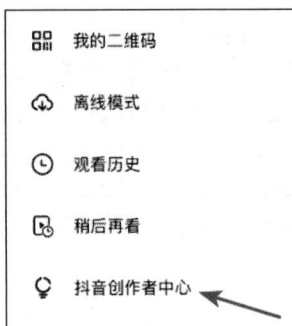

图5-11 点击"抖音创作者中心"选项

图5-12 点击"全部"选项

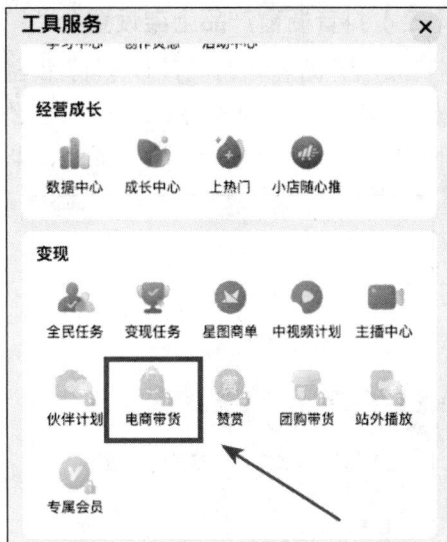

图5-13 点击"电商带货"选项

图5-14 点击"立即加入抖音电商"按钮

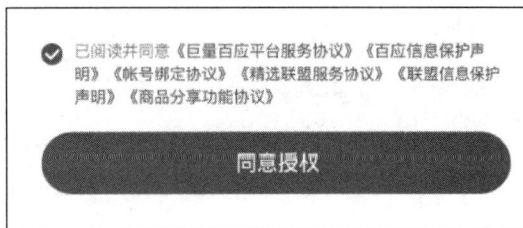

图5-15 勾选相关协议后点击"同意授权"按钮

图5-16 带货资质填写并提交审核

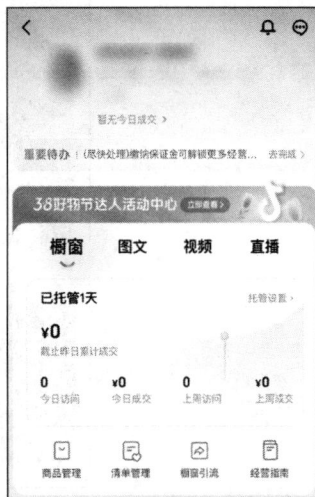

图5-17 抖音橱窗界面

（三）抖音橱窗产品上架设置

抖音橱窗产品上架流程为：打开抖音橱窗界面，点击"选品广场"选项，如图 5-18 所示；进入选品界面，进入"选品车"界面，然后点击"去选品"按钮，如图 5-19 所示；进入选品市场，选择合适的产品，然后点击"加选品车"按钮，即可完成抖音橱窗产品的上架，如图 5-20 所示。

图5-18　点击"选品广场"选项

图5-19　点击"去选品"按钮

图5-20　点击"加选品车"按钮后完成产品上架

任务实施：直播产品上架

任务背景

农产品宣传博主小金要在抖音平台进行直播，以此为家乡山西的农产品进行宣传与推广。小金需要开通抖音橱窗功能，选择山西农产品并上架，之后才能进行后续的直播。请你协助小金完成这一任务。

任务操作

直播开通设置，可参照如下步骤进行。

步骤1：开通抖音橱窗

在抖音平台开通橱窗功能，首先需要选择资质类型。由于小金的账号是个人账号，所以资质类型选择为个人，如图5-21所示。

选择并确认带货资质后，需要完成实名认证。小金在抖音平台填写了个人真实信息，并上传了身份证照片，如图5-22、图5-23所示。

完成带货资质选择与实名认证后，小金成功开通了抖音橱窗，如图5-24所示。

图5-21 选择个人资质类型

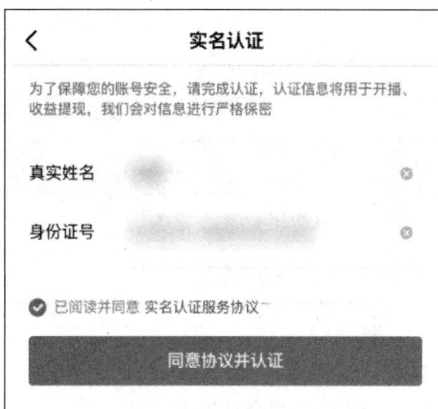

图5-22 填写个人信息

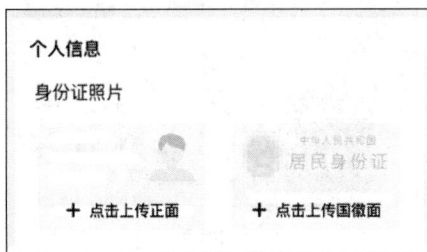

图5-23 上传身份证照片

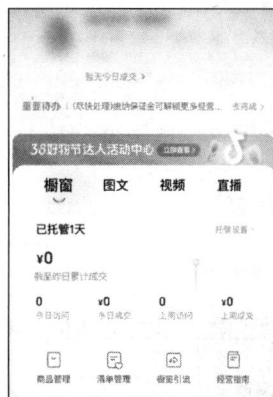

图5-24 抖音橱窗开通成功

步骤2：选择上架产品

开通抖音橱窗功能后，小金需要选择合适的产品并进行上架。她打开选品广场，搜索关键词"山西农产品"，并对搜索到的山西农产品按销量进行排序，结果如图5-25所示。

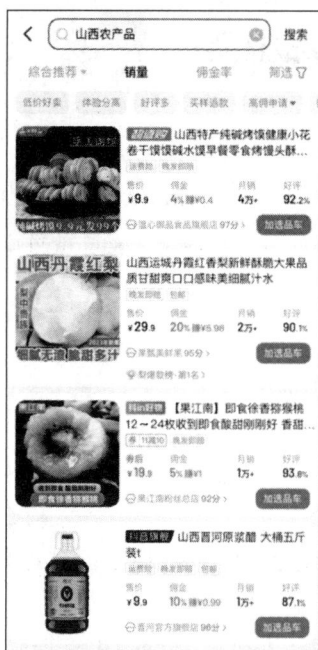

图5-25　山西农产品搜索排序结果

小金按照销量排序结果，选择了销量排名前二的产品，产品信息如表 5-1 所示。

表 5-1　销量排名前二的产品信息

产品名称	售价	月销量
山西特产纯碱烤馍健康小花卷	9.9 元	4 万 +
山西运城丹霞红香梨	29.9 元	2 万 +

步骤3：完成产品上架

小金将选择好的产品加入选品车，并在选品车界面对选择好的产品点击"去带货"按钮，如图 5-26 所示；然后点击"上架橱窗"选项，如图 5-27 所示，最终完成抖音橱窗产品的上架。

图5-26　点击"去带货"按钮

图5-27　点击"上架橱窗"选项

任务拓展

小陈是一名零食爱好者，尝试过各种类型的零食。她发现身边很多朋友都在抖音直播间购买零食，因此，她想凭借自己对零食的了解，利用抖音直播平台为更多喜爱零食的人分享各种零食，成为一名零食直播推荐官。

请同学们根据本任务所学内容，帮助小陈完成抖音橱窗的开通。

下载并安装抖音 App，注册抖音账号，开通抖音橱窗功能。

选择 2 ~ 3 款合适的产品，并说明选择原因，完成表 5-2 的填写。

表 5-2　选择的产品及原因

产品名称	选择原因

将选择好的产品加入选品车，上架至抖音橱窗，并简述上架过程，写在下方空白处。

任务5.2　直播控场

案例导入

"晋富农"电商公司准备在 5 月 1 日 19：00 至 20：00 开展一场"山西特色农产品"直播促销活动，此次直播的产品主要有沁州黄小米、平遥牛肉、交城骏枣，张琳担任此次直播促销活动的主播。

19：00 直播准时开始了。张琳亲切地与观众打招呼，介绍了今晚要推荐的山西特色农产品。她首先展示了沁州黄小米，详细介绍了它的优势和营养价值，并邀请观众留言评论，参与互动。

为了吸引更多观众的注意，张琳紧接着介绍了平遥牛肉的制作工艺和口感。她边讲边展示着一块块鲜美的牛肉，引发了观众的食欲。为了提升直播间观众的参与度，张琳提出了一个有趣的互动游戏：观众可以通过发送弹幕，竞猜平遥牛肉的产地，以获取相应奖品。这样一来，直播间的氛围更加热烈，并且吸引了很多观众积极参与。

在观众热烈的回应中，张琳顺势过渡到介绍交城骏枣的环节。她向观众展示了各种精选骏枣的种类和颜色，详细介绍了骏枣的营养价值和健康功效。为了激发观众的购买欲，张琳提出了优惠活动：在直播结束前，观众购买交城骏枣可以享受优惠的价格和赠品。这一消息立即引起了直播间观众的热烈反响，大家纷纷询问如何购买。

在整场直播过程中，张琳巧妙地调节直播间的氛围，插播一些幽默搞笑的小片段，让观众在购物的同时也感到愉快和放松。她还设置了多个小游戏环节，让观众参与其中。最终，张琳负责的这场直播促销活动取得了巨大的成功。直播期间，沁州黄小米、平遥牛肉和交城骏枣的销量都大幅度提高。

【案例思考】

通过阅读案例，思考并回答以下问题：

（1）张琳是如何调节直播氛围的？

（2）除了案例中的方式，还有哪些方式可以调节直播氛围？

任务知识

一、把控直播节奏

想要在有限的时间内完成直播带货任务，直播团队需要掌握直播间的主动权和控制权，以把控直播节奏。通常来说，直播团队可以通过以下五种方式把控直播节奏。

（一）提前熟悉直播脚本

在直播前，直播团队应撰写详细的直播脚本。直播脚本应包含直播的开场白、产品介绍、互动环节等。直播团队需要提前熟悉直播脚本，做到对直播脚本的每个环节都了如指掌。在直播之前，直播团队需要进行多次演练，以更好地掌握脚本的内容和节奏，这样直播团队才可以在直播中流畅地传达信息，避免遗漏或重复。

（二）适时调控直播话题走向

为了保持直播间的活跃氛围，主播可以通过抛出话题来促使观众参与互动讨论。需要注意的是，不能让直播话题随意发散。假设主播在直播中推荐连衣裙，观众的互动讨论却意外地聚焦在穿搭上，这时主播就需要及时转移话题，调控讨论的走向，使其与直播内容保持一致。例如，主播可以说："非常感谢大家对我穿搭的认可和喜爱，但现在我们重点还是要关注连衣裙的面料。接下来，让我们继续探讨这个话题。"通过及时的干预和适度的调整，主播可以在必要时转移话题，调控互动讨论的走向，以确保直播的连贯性和信息传达的准确性。

（三）注意时间控制与内容过渡

主播在把控直播节奏时，需要注意时间控制和内容过渡。主播可以在直播开始前，确定每个部分或话题的时间限制，以确保有一个清晰的时间框架，并在每个部分都能够保持节奏。在不同话题之间，主播需要进行平滑的过渡，避免突兀地切入其他话题，可以使用一些过渡语言或过渡动作，让观众感受到直播内容的连贯性。

（四）控制直播语速

主播在直播过程中应该控制自己讲话的速度和节奏，不要过快或过慢。语速过快可能会让观众听不清楚或理解不了，语速过慢则可能会让观众感到无聊。主播应该根据观众的反馈来调整自己讲话的速度和节奏。例如，在讲解直播产品，如产品的特色、使用方法、适用人群时，可以适当放慢语速、增加音量、加大力度，以确保观众能够准确把握关键信息；在讲解抽奖规则时，可以适当加快语速，让观众快速参与抽奖，防止观众等待太长时间而失去耐心。

（五）及时控制直播间秩序

在直播间，观众可以自由地发言和表达观点。然而，由于观看直播的观众众多，不可避免地会有一些行为可能扰乱直播间秩序，如打广告、发言不文明、语言冲突等。一旦发现有扰乱直播间秩序的行为，直播团队应该立即采取行动，如警告违规用户、禁言或封禁违规用户的账号，以确保尽快恢复直播间的秩序。

二、调节直播氛围

为了营造热闹的直播氛围并调动观众的热情，让观众愿意持续参与直播，直播团队可以采用以下几种方法。

（一）提问

提问是一种调节直播氛围的好方法。通过提问，主播可以主动与观众互动并引发他们的思考和回应，从而调动观众参与的积极性。主播可以使用开放式提问和封闭式提问两种方式与直播间观众互动，表5-3所示为两种提问方式的内涵和示例。

表5-3 两种提问方式的内涵和示例

提问方式	内涵	示例
开放式提问	围绕直播主题，让观众畅所欲言。使用开放式提问，可以提高观众的参与感，活跃直播间的气氛，同时增强观众对主播的好感	某主播在介绍完一款裤子后，就裤子的面料提出开放式问题："这款裤子的面料是棉麻的，我太喜欢了！不知道小伙伴们喜欢什么面料的裤子？"
封闭式提问	在某个范围内提出问题，让观众按照指定的思路去回答，使答案具有一定的限定性	某主播为了引入要推荐的扫地机器人，首先询问观众："下班回到家，完全没有心思打扫卫生，是吧？"在观众表示赞同后，主播接着说："打扫卫生时，沙发底下、床底下、客厅边边角角最难打扫，是吧？"随着观众的进一步赞同，主播引出要推荐的扫地机器人："最近我在朋友家里看中了一款打扫好物——××牌扫地机器人，这款扫地机器人集洗、烘、拖于一体……"

（二）发红包或优惠券

在直播间不定时发红包或优惠券是调节直播氛围的有效方法，不仅可以让观众积极与主播互动，还能提升直播间人气、延长观众在直播间停留的时间。图5-28、图5-29所示为某零食直播间发放的抖音红包及抖音无门槛优惠券，发放红包和无门槛优惠券能够延长观众的停留时间。

图5-28 抖音红包

图5-29 抖音无门槛优惠券

（三）设置抽奖活动

抽奖活动可以吸引更多的观众积极参与，并营造出热闹的直播氛围。同时，抽奖活动也可以增加观众对直播的认同感和忠诚度，进一步促进观众黏性的提升和直播间口碑的传播。主播要告知观众抽奖活动的奖品，例如实物奖品、优惠券或红包等；还要告知观众参加抽奖的规则，例如点赞数或关注数达到一定数值，或者要求观众在直播间评论区发布指定内容等。

任务实施：直播控场

任务背景

"晋富农"电商公司准备在 5 月 1 日 19：00 至 20：00 开展一场"山西特色农产品"直播促销活动，主要销售沁州黄小米、平遥牛肉和交城骏枣。在直播过程中，主播张琳及直播团队成员需要把控好直播节奏，同时调节直播氛围，调动观众参与度，并吸引观众下单购买直播间产品。请你协助张琳完成这一任务。

任务操作

直播控场，可参照如下步骤进行。

步骤1：明确直播环节

在进行直播控场时，主播首先需要明确直播环节。通过明确直播的具体环节，主播可以对直播内容进行有序的组织和安排，确保直播顺利进行。

张琳按照整场直播的流程，将此次直播划分为直播开场、直播产品讲解、直播互动、直播总结四个环节，并对每个环节进行了具体设计，如图 5-30 所示。

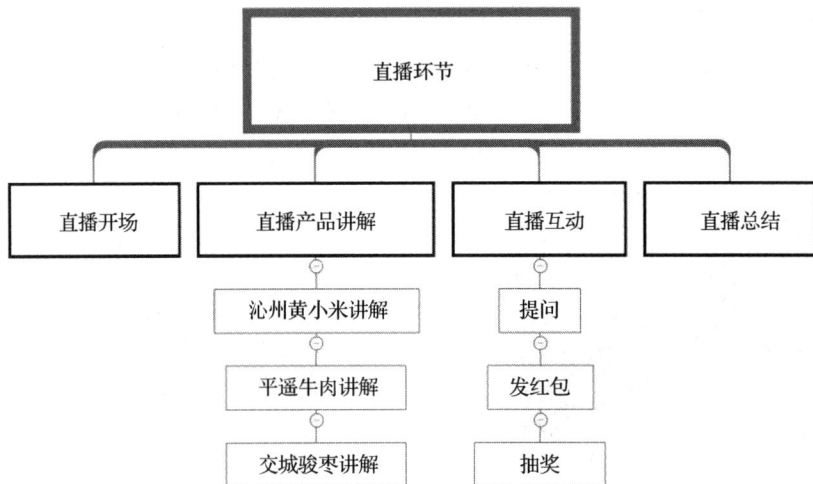

图5-30　直播环节设计

步骤2：控制直播时间与语速

在直播过程中，主播应该合理地安排时间，将时间分配给不同的内容和环节；同时，主播还应该控制好讲解的语速，避免某个环节讲解时间过长或过短。

此次"山西特色农产品"直播促销活动在 5 月 1 日 19：00 至 20：00 进行，总时长共 1 个小时。张琳需要在 1 个小时内进行直播开场，讲解沁州黄小米、平遥牛肉、交城骏枣，完成直播互动，并总结直播内容。她根据直播产品的特点，对每个环节进行了时间分配，并对直播语速进行了设计，如表5-4所示。

表5-4　直播时间分配与语速设计

直播环节	具体环节	时间	语速
直播开场	自我介绍、打招呼	5分钟	较快
直播产品讲解	沁州黄小米	15分钟	较慢
	平遥牛肉	15分钟	较慢
	交城骏枣	10分钟	较慢
直播互动	沁州黄小米：提问	3分钟	较快
	平遥牛肉：发红包	4分钟	较快
	交城骏枣：抽奖	3分钟	较快
直播总结	直播内容总结、下播告别	5分钟	较快

步骤3：维护直播秩序

除了把控直播节奏，主播还需要维护直播秩序，以确保直播顺畅进行。主播应及时处理直播间的干扰行为和不当言论，以保证观众的参与度和直播环境的良好有序。

为了更加及时地应对直播间干扰行为和不当言论，张琳需要预留5分钟的时间来处理。若直播过程中无干扰行为和不当言论，则直播按照提前规划的时间进行；若直播过程中有干扰行为和不当言论，张琳则需要告知观众直播时间会稍加延长5分钟，并向观众表示歉意。

任务拓展

某零食公司准备在6月1日19：00至20：00开展一场"零食大放送"直播促销活动，此次直播的产品主要有跳跳糖、干脆面和辣条。老板安排小佳担任此次直播的主播。在进行直播前，小佳需要提前规划直播环节，并合理安排每个环节的时间及语速，确保直播顺利完成。

请同学们根据本任务所学内容，帮助小佳完成这一任务。

请帮助小佳设计直播环节，并在下方空白处画出设计好的直播环节思维导图。

请根据设计出的直播环节，结合任务背景，合理分配每个环节的时间，并设计讲解语速，完成表5-5。

表 5-5　直播时间分配与语速设计

直播环节	具体环节	时间	语速

任务5.3　观众互动与销售转化

案例导入

　　除了要把控直播节奏、调节直播氛围，老板还要求张琳积极与观众互动，促进观众下单。

　　直播正式开始，张琳以轻松愉快的语气向观众介绍了直播的主打产品——沁州黄小米。她详细讲解了沁州黄小米的种植过程、特点及营养价值，并展示了精美的沁州黄小米糕点和用沁州黄小米熬的粥。同时她提醒观众，在评论区留言、点赞将有机会获得一份沁州黄小米的试吃礼盒。

　　接下来，张琳引入了对平遥牛肉的介绍。她用生动有趣的方式展示了平遥牛肉的制作工艺，讲述了其口感特点，并邀请直播团队中的一名成员品尝，之后还请该成员分享了自己的感受。观众通过弹幕表达了对平遥牛肉的喜爱和想要购买的意愿。张琳随即透露了一个惊喜，即在直播间，购买平遥牛肉可以获得额外的赠品和优惠券，这进一步刺激了观众的购买欲望。

　　最后，张琳向观众推荐了交城骏枣。她不仅介绍了交城骏枣的种类和营养价值，还分享了一些交城骏枣的制作食谱和美味搭配。为了吸引观众的注意力，张琳和团队成员还精选了几份交城骏枣礼盒，准备在直播过程中随机赠送给幸运观众。

　　整场直播中，张琳始终保持着活力四射的状态，通过与观众互动、讲解产品、展示美食，成功吸引了大量观众的关注和参与。许多观众在评论区积极留言询问购买链接和优惠信息，直播间热闹非凡。

【案例思考】

通过阅读案例，思考并回答以下问题：

（1）张琳是如何与观众进行互动的？

（2）除了案例中的互动方式，你还能想到哪些方式？

任务知识

一、观众互动的方式

在直播间与观众进行互动是促进其下单的关键要素。良好的互动效果能够使观众对主播建立信任，进而增加其下单的概率。因此，主播要积极与观众进行互动，调动其参与直播的积极性，增加其在直播间的停留时长，促进销售转化。直播间常见的观众互动方式有以下几种。

（一）实时聊天互动

观众可以通过直播间弹幕框发送文字消息与主播互动。主播可以回答观众的问题、解答观众的疑惑，或者与观众进行闲聊，拉近与观众之间的距离。这种是最常见、最直接的互动方式，能够促进主播与观众实时的沟通与交流。

（二）发送红包或优惠券互动

主播可以在直播过程中发送红包或优惠券等奖励，观众可以通过参与互动、回答问题或完成任务获得奖励。这种方式能够增加观众的积极性和参与度，也能激励观众下单。

（三）设置抽奖活动互动

主播可以在直播过程中举行抽奖活动，如让观众在指定时间内发送特定的口令、留言或点击特定的链接来参与抽奖活动。这种互动方式可以增加观众的积极性，提高观众的留存率。

（四）话题讨论互动

主播可以提出与产品相关的话题，邀请观众进行讨论或回答。观众可以在聊天窗口表达自己的意见和观点，主播可以选取一些有趣或有价值的回答进行分享和评论。这种互动方式可以激发观众思考和参与。

（五）游戏互动

主播可以在直播中设置一些小游戏，如猜谜语、猜价格、答题等，邀请观众参与。观众可以通过聊天窗口回答问题或操作互动面板参与游戏。这种方式可以增加直播的娱乐性，提升互动体验。

二、销售转化的策略

与观众进行互动并获得观众关注并不代表着结束，直播团队后期还要注重维护沉淀下来的观众，即粉丝，从而提升粉丝的活跃度，增强粉丝黏性，促进销售转化，让直播效果最大化。常见的销售转化策略有以下几种。

（一）及时回复、处理粉丝的问题

对直播团队而言，粉丝不仅是追随者，也是目标消费者。一般来说，提出问题的粉丝是最有可能实现销售转化的对象。因此，当粉丝有问题需要解决时，直播团队要及时、快速地处理，让粉丝感受到自己被重视，赢得其好感，促成销售转化。

（二）建立粉丝群

粉丝群可以将粉丝聚集在一起，让他们随时可以进行想法沟通、信息分享和感情交流。直播团队可以在粉丝群定期发送产品促销信息，解答粉丝疑问，促进销售转化。在直播过程中，主播可以说明加入粉丝群的好处，如可以享受专属优惠或福利、获得更好的产品售后服务等，邀请观众加入粉丝群。

（三）开展粉丝专属活动

开展粉丝专属活动不仅有利于增加直播间账号的粉丝数，提高直播间的热度，还可以拉近直播团队与粉丝的距离，提高销售转化率。例如，开展粉丝生日专属福利活动、宠粉活动、粉丝专属限时购买活动等，为粉丝设置专属福利，如专属折扣、优先购买权，赠送粉丝礼品、卡券。

（四）邀请粉丝成为会员

邀请粉丝成为会员，为会员建立专属的社群或会员制度，并为其提供独特的内容、优先权益、专属交流渠道等。这种方式可以拉近直播团队与粉丝的距离，使其建立更深层次的情感联结，提升粉丝的忠诚度和口碑传播效果。

任务实施：观众互动与销售转化

任务背景

张琳要担任公司准备开展的"山西特色农产品"直播促销活动的主播，直播产品主要有沁州黄小米、平遥牛肉、交城骏枣。老板要求张琳在直播中积极与观众互动，营造出良好的直播氛围，并促进观众下单。请你协助张琳完成这一任务。

任务操作

观众互动与销售转化，可参照如下步骤进行。

步骤1：明确观众特点

不同的观众群体可能需要不同的互动方式，因此根据观众特点进行个性化设计是关键。

为了设计出更加适合的互动方式，张琳对此次直播活动的观众特点进行了预测与分析，结果如表5-6所示。

表5-6　观众特点预测与分析

特点	分析
健康意识较强	由于山西特色农产品通常以天然、绿色和有机为卖点，因此潜在的消费者可能具有较强的健康意识。他们可能更关注食品的品质、营养价值和安全性
地域认同感强	此次直播的产品是沁州黄小米、平遥牛肉和交城骏枣，因此潜在的消费者可能是山西本地居民或对山西有一定了解和兴趣的人。他们可能对山西的文化、传统和地域特色有认同感
美食爱好者	此次直播的产品在美食圈有一定的知名度。潜在的消费者可能是对美食有浓厚兴趣的人，他们愿意探索不同地方的特色美食

步骤2：设计互动方式

主播可以设计各种互动方式，以提高观众的积极性、参与感，从而促进销售转化。

张琳根据观众特点，设计出的互动方式如表5-7所示。

表5-7　直播互动方式

互动方式	互动过程设计
聊天互动	在直播过程中与观众进行聊天互动，回答他们的问题，与他们进行交流。可以提前准备一些问题或话题，如"你最喜欢的山西农产品是什么？""你吃过最多的山西农产品是什么？"等，引导观众参与讨论
发送红包或优惠券互动	预先准备一些红包或优惠券，在直播间以弹幕方式发送。可以要求观众关注直播间并加入粉丝团来获得红包或优惠券
游戏互动	设计一些有趣的游戏与观众互动。例如，可以进行农产品知识问答、猜价格游戏等。观众可以通过留言参与游戏，最先正确回答问题或猜中价格的观众会获得精美小礼品一份
话题讨论互动	提出一些与直播内容相关的话题，引导观众进行讨论。例如，可以讨论山西特色农产品的健康价值、独特口感等。观众可以通过直播间弹幕参与讨论，分享自己的想法

通过这些互动方式，张琳可以与观众建立更紧密的联系，提高直播的互动性和观众的参与度；同时也可以提高观众对直播产品的兴趣和期待感，促使他们参与活动并购买直播间产品。

步骤3：创建粉丝群

为了在直播结束后还能够留住观众，主播或直播团队可以创建粉丝群，定期发送直播动态、直播产品信息、产品福利等，进一步促进销售转化。

在直播结束前，张琳创建了粉丝直播福利群，邀请粉丝加入，并在直播间承诺赠送入群粉丝精美小礼品一份。图5-31所示为张琳创建的"山西特色农产品直播福利群"。为了促进转化，张琳定期在粉丝群发送直播预告信息，邀请粉丝准时观看直播并进行购买，如图5-32所示。

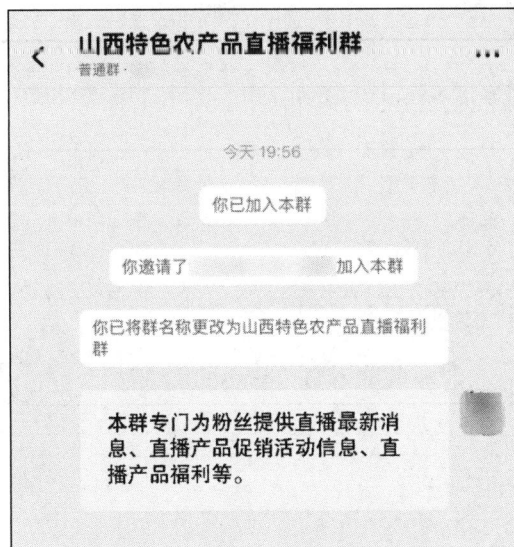

图5-31　山西特色农产品直播福利群

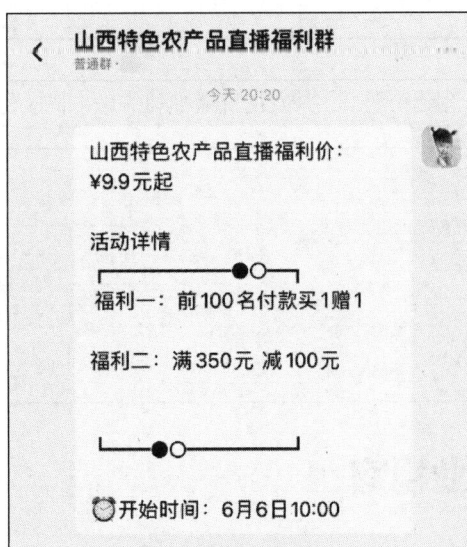

图5-32　发送直播预告信息

任务拓展

某零食公司准备开展一场"零食大放送"直播促销活动，主要促销的产品有鲜花饼、无骨鸡爪、榴莲酥。老板安排小佳负责此次直播，并要求小佳积极与观众互动，营造出良好的直播氛围，并促进观众下单。

请同学们根据本任务所学内容，帮助小佳完成这一任务。

预测并分析观众特点，并将其填写在表 5-8 中。

表 5-8　观众特点预测与分析

特点	分析

根据观众特点，设计直播互动方式，并具体说明每种互动方式的内容，完成表 5-9。

表 5-9　直播互动方式

互动方式	具体内容

创建粉丝群，并发送直播福利信息，将福利设计和内容写入下方空白处。

职业视窗

把握聊天互动分寸，营造良好的直播氛围

在直播中，主播与观众的聊天互动是吸引观众的重要手段之一。与观众互动可以增加观众的参与感，加强主播与观众的联系，提高直播的互动性。然而，主播在互动过程中需要注意把握分寸，营造良好的直播氛围，避免过度互动导致观看体验下降。

主播应该保持互动的礼貌和友善。直播间是一个公共场所，观众来自不同的背景和文化，主播需要尊重每一名观众，并避免过度拔高或贬低任何人。主播应该用友善而亲切的语言回复观众的评论，

不能忽略观众的提问或评论，也不能无理反驳观众的意见。保持一个友好的互动环境，能够增加观众的黏性和忠诚度。

主播需要学会处理负面互动。在直播中，可能会遇到一些不满意的观众或恶意评论，主播需要保持冷静和理智，避免情绪化的回应。主播可以礼貌而坚定地回答或忽略这类负面互动，同时重点关注积极的评论和提问，转移观众的注意力。如果有必要，可以请直播团队的成员进行妥善处理。

主播在聊天互动中要注意分寸，从而营造良好的直播氛围。主播要把握互动的频率和时机，为观众提供有价值的内容，保持互动的礼貌和友善，处理负面互动的方式需要冷静和理智。通过合理、高质量的互动，主播能够吸引更多观众，提高直播的质量和观众的满意度。

职业技能训练

一、单项选择题

1. 直播控场是指主播在直播过程中对（　　）的掌控。

   A. 直播内容　　　　B. 直播产品　　　C. 直播时间　　　D. 直播秩序

2. （　　）可以增加观众的互动。

   A. 发红包　　　　　B. 插入广告　　　C. 中场休息　　　D. 引入不相关话题

3. （　　）可以促进销售转化。

   A. 强行植入广告　　　　　　　　　B. 讲述主播个人经历

   C. 赠送粉丝独特的礼物　　　　　　D. 公开分享主播直播的心路历程

4. 销售转化指的是（　　）。

   A. 将观众的注意力引导到直播内容上　　B. 将观众迅速变成粉丝的过程

   C. 将观众数量转化为经济价值　　　　　D. 将直播内容转化为多种媒体形式

5. 销售转化的关键在于（　　）。

   A. 提供与目标受众相关的内容　　　　B. 频繁发布宣传广告

   C. 使用捏造的故事来吸引观众　　　　D. 让观众感受到独特的虚拟身份

二、多项选择题

1. （　　）可以用来控场，营造良好的直播氛围。

   A. 花式表演　　　　　　　　　B. 温馨小故事

   C. 互动游戏　　　　　　　　　D. 打断观众发言

2. （　　）可以增加观众的互动。

   A. 回复观众评论　　　　　　　B. 发送直播间消息

   C. 邀请观众上麦　　　　　　　D. 忽略观众的提问

3. 在直播过程中，主播应该通过（　　）的方式处理负面互动。

   A. 忽略负面评论　　　　　　　B. 礼貌回答负面问题

   C. 非理性回应　　　　　　　　D. 请直播团队成员妥善处理

三、判断题

1. 直播控场是指主播要在直播过程中掌控好直播的节奏和氛围，以吸引观众的关注和提升观众的参与度。（　　）

2. 直播过程中的互动是指主播与观众之间进行实时的互动交流，以增加观众的参与感和黏性。（   ）

3. 主播应该经常中断直播进行互动，以增加观众的参与度。（   ）

4. 直播控场包括掌握好直播的时间安排和内容安排，以及调动观众的情绪和提升观众的参与度。（   ）

5. 直播互动可以通过抽奖、问答和互动游戏等方式进行，以增加观众的参与度和直播的互动性。（   ）

学习成果评价

学生基本信息						
姓名		分组				
实训科目		实训指导教师				
类别	项目要求	分值	评分细则	自我评价	小组评价	教师评价
素养（30分）	具备规则意识，遵守直播平台开通设置规则	10分	不遵守规则得0分			
	具备时间意识，合理分配直播时间	10分	时间分配不合理得0分			
	具备良好的沟通能力，能够设计出多样化的直播互动方式	10分	直播互动方式单一得0分			
核心技能（70分）	能够完成淘宝直播开通及产品上架设置	10分	顺利完成淘宝直播开通及产品上架设置得10分			
	能够完成抖音橱窗开通及产品上架设置	10分	顺利完成抖音橱窗开通及产品上架设置得10分			
	能够根据直播环节，合理分配直播时间并控制语速	30分	合理分配直播时间及控制语速得30分			
	能够根据观众特点，设计合理的互动方式	20分	设计出多元化的互动方式得20分			
合计		100分	—			
总分（加权平均分，自我评价20%，小组评价30%，教师评价50%）：						
组长签字			教师签字			

项目6
推引获客成本低：直播引流与推广

学习目标

知识目标

1. 了解常见的平台外引流渠道。

2. 熟悉微信公众号、微信朋友圈、社群和微博等常见平台外引流渠道的含义、引流方式、优势及注意事项。

3. 认识常见的平台内付费推广方式。

4. 掌握直播DOU+引流、巨量千川直播引流和快手粉条引流等常见平台内付费推广方式的含义、特点及引流思路。

能力目标

1. 能够选择合适的平台外引流渠道，有效完成直播的引流和推广。

2. 能够选择合适的平台内付费推广方式，有效完成直播的引流和推广。

素养目标

1. 具备高度的合法合规意识，严格遵守国家法律法规、平台规则及行业自律准则，确保所有直播内容和行为都符合法律要求。

2. 遵循个人信息保护原则，不得泄露、滥用或非法获取用户的个人信息。

学习导引

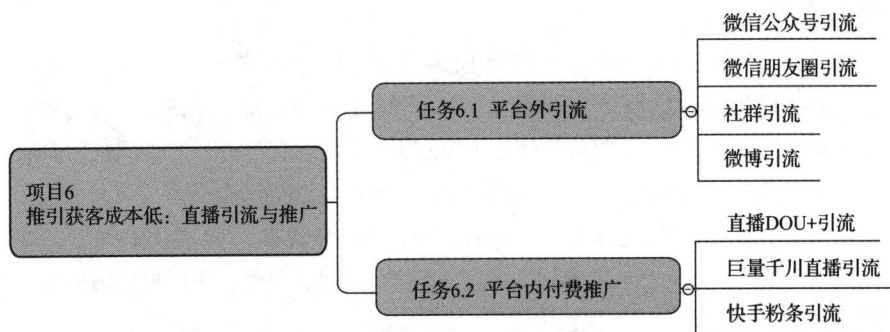

任务6.1　平台外引流

👤 案例导入

"晋富农"电商公司凭借出色的产品品质和深厚的文化内涵，赢得了广大消费者的赞誉和喜爱。为了进一步推动山西黄河滩枣的销售，并吸引更多消费者关注即将举行的专题直播促销活动，公司决定指派李凌负责平台外部的引流工作。

确定平台外引流渠道。李凌考虑到微信朋友圈用户基数大、互动性强且易于分享，于是选择了微信朋友圈作为主要的引流渠道。

进行平台外引流前的准备。为了确保引流的效果，李凌进行了以下准备工作。

设计直播海报，李凌根据山西黄河滩枣的特点、产地、口感等信息，设计了一幅吸引人的直播海报，突出黄河滩枣的特色和亮点，以吸引用户的注意力；编写预热文案，李凌编写了简短而精练的预热文案，用于在微信朋友圈中引起用户的兴趣和好奇心；合理安排发布时间，考虑到微信用户的活跃时间和朋友圈活跃度，李凌设置了合适的发布时间，以确保内容能够在最佳时间段被更多用户看到。

完成图文内容的编辑与发布。完成以上准备工作后，李凌将设计好的直播海报与预热文案进行编辑与发布，确保它们能够在微信朋友圈中清晰地展示给用户。

【案例思考】

通过阅读案例，思考并回答以下问题：

（1）李凌选择微信朋友圈作为平台外引流渠道的原因是什么？

（2）为了进一步提高推广效果，李凌还可以采取哪些优化措施？

✒ 任务知识

在当今的数字营销时代，直播平台已经成为品牌与消费者互动的重要场所。为了更有效地吸引消费者并增加直播的曝光度，利用平台外的引流渠道至关重要。最常见的平台外引流渠道主要有四种，分别是微信公众号、微信朋友圈、社群和微博。

一、微信公众号引流

微信公众号是微信为企业、组织、个人提供的一种信息推送与互动交流的平台。微信公众号分为订阅号、服务号和企业号三种类型，每种类型都有其特定的功能和适用场景。订阅号主要用于传播信息，每天可以发送一条消息；服务号侧重于提供服务，每月只能发送四条消息，但消息会直接显示在用户的聊天列表中；企业号则更多地用于企业用户内部的沟通与管理。

微信公众号的主要功能包括信息推送、品牌宣传、用户互动等。对直播活动来说，微信公众号是一个理想的引流渠道，因为它可以定期推送直播预告、活动信息等，进而吸引用户关注并引导他们进入直播间。

（一）引流方式

微信公众号的直播引流方式主要包括直播预告与内容营销、举办互动活动、自定义菜单与消息推送。

直播预告与内容营销：通过发布高质量的原创文章或视频，预告即将到来的直播内容，激发用户的兴趣并引导他们参与。

举办互动活动：举办与直播相关的互动活动，如问答、抽奖等，鼓励用户参与并分享到朋友圈，扩大直播的曝光度。

自定义菜单与消息推送：利用微信公众号的自定义菜单功能，设置直播入口，方便用户快速进入直播间；同时，通过消息推送功能，及时向用户发送直播通知。

（二）优势

微信公众号引流的优势主要包括用户黏性强、用户互动性强和有数据支持。

用户黏性强：微信公众号聚集了大量忠实用户，通过定期发布优质内容，品牌可以培养用户对品牌的信任感和依赖感，从而提高直播的观看率。

用户互动性强：微信公众号提供了多种互动功能，如评论、点赞、投票等，这些功能可以增强用户与品牌之间的互动，提升直播的活跃度和参与度。

有数据支持：通过微信公众号后台的数据分析工具，品牌可以实时监测直播的观看人数、互动情况等，为优化直播内容和策略提供数据支持。

（三）注意事项

通过微信公众号进行直播引流时，品牌需要注意内容质量、更新频率及数据的分析和优化。

内容质量：直播预告和互动活动的内容质量至关重要，品牌需要注重其原创性、实用性和吸引力，以激发用户的兴趣并提升用户的参与度。

更新频率：保持一定的更新频率，定期发布直播预告和活动信息，避免用户流失，保持用户对品牌的关注度。

数据的分析与优化：定期分析微信公众号数据和直播数据，了解用户的喜好和需求，优化直播内容和策略，提高引流效果。

二、微信朋友圈引流

微信朋友圈是微信用户发布个人动态、分享生活点滴的社交平台。它具有私密性、互动性和广泛覆盖性等特点，是品牌进行直播引流的重要渠道之一。通过微信朋友圈，品牌可以直接触达用户的个人社交空间，有助于提升品牌曝光度和用户参与度。

（一）引流方式

微信朋友圈的直播引流方式主要包括个人分享、合作推广和朋友圈广告。

个人分享：品牌或关键意见领袖可以在自己的朋友圈分享直播信息，包括直播时间、内容预告等，引导好友点击进入直播间。

合作推广：品牌可以与其他具有影响力的微信用户合作，让他们在自己的朋友圈分享直播信息，扩大品牌曝光度和受众范围。

朋友圈广告：品牌可以利用微信广告平台投放微信朋友圈广告，精准触达目标受众，吸引其进入直播间。

（二）优势

微信朋友圈引流的优势主要包括覆盖面广、互动性强和信任度高。

覆盖面广：微信朋友圈拥有庞大的用户群体，通过微信朋友圈引流可以覆盖广泛的潜在消费者。

互动性强：微信朋友圈的评论、点赞等功能可以增强用户与品牌之间的互动，提升直播的参与度和用户黏性。

信任度高：微信朋友圈的信息传播以用户之间的信任关系为基础，品牌通过微信朋友圈引流可以获得更高的信任度和认可度。

（三）注意事项

通过微信朋友圈进行直播引流时，品牌需要注意内容真实可信、避免过度推广，并且做到精准定位。

内容真实可信：微信朋友圈的信息传播具有口碑效应，品牌需要确保发布的内容真实可信，避免虚假宣传或夸大其词。

避免过度推广：过度在微信朋友圈发布推广信息可能会引起用户反感，因而品牌需要控制推广频率和内容质量，保持与用户的良好关系。

精准定位：在投放微信朋友圈广告时，需要精准定位目标受众，确保广告内容与目标受众的兴趣、需求高度匹配。

三、社群引流

社群是基于共同兴趣、需求或目标而聚集在一起的用户群体。社群引流是指通过加入或创建相关社群，与社群内成员互动交流，进而引导他们关注或参与直播活动。社群具有聚集性强、互动性好、转化率高等特点，是直播引流的重要渠道之一。

（一）引流方式

社群的直播引流方式主要包括社群运营、合作推广和组织社群活动。

社群运营：品牌可以在相关社群中积极参与讨论，发布有价值的内容，建立影响力；品牌也可以通过分享直播预告、活动信息等方式，引导社群成员进入直播间。

合作推广：品牌可以与社群中的关键意见领袖或活跃用户合作，让他们帮助推广直播活动，扩大直播的曝光度和参与度。

组织社群活动：品牌可以在社群内组织互动活动，如问答、抽奖等，鼓励社群成员参与并分享至其他平台，从而吸引更多潜在用户进入直播间。

（二）优势

社群引流的优势主要包括定位精准、互动性强和低成本、高收益。

定位精准：社群中的成员通常具有共同的兴趣和目标，这使得社群引流能更精准地触达目标受众。

互动性强：社群中的成员互动频繁，通过积极参与讨论和互动活动，可以提升用户对直播活动的关注度和参与度。

低成本、高收益：社群引流通常不需要大量的广告投入，只需通过精心策划和运营，即可实现良好的引流效果。

（三）注意事项

通过社群进行直播引流时，品牌需要注意避免过度推广、保持活跃度和合理利用社群资源。

避免过度推广：在社群中过度推广可能会招致社群成员的反感，因而需要控制推广的频率和内容质量，保持与社群成员的良好关系。

保持活跃度：品牌要定期在社群中发布有价值的内容，参与讨论，保持社群的活跃度和凝聚力。

合理利用社群资源：品牌要充分利用社群中的用户资源，如邀请社群成员参与直播互动、分享直播内容等，提升直播的曝光度和参与度。

四、微博引流

微博是一种基于用户关系的社交媒体平台，允许用户发布短文、图片、视频等多种形式的内容，并实现即时分享、传播和互动。微博引流指的是在微博平台发布直播预告、活动信息等内容，进而吸引微博用户进入直播间。新浪微博作为我国最具代表性的微博平台之一，具有用户基数大、信息传播速度快、互动性强等特点。下面就以新浪微博为例介绍微博引流的方式。

（一）引流方式

新浪微博的直播引流方式主要包括直播预告与内容营销、举办互动活动和合作推广。

直播预告与内容营销：品牌可以在新浪微博平台上发布高质量的直播预告和营销内容，吸引用户关注直播；还可以通过发布精心策划的文案和图片，激发用户参与直播的欲望。

举办互动活动：品牌可以在新浪微博平台上举办与直播相关的互动活动，如问答、抽奖等，鼓励用户参与并分享至其他平台，扩大直播的曝光度和参与度。

合作推广：品牌可以与新浪微博平台上的关键意见领袖或相关领域的达人合作，让他们帮助推广直播活动，吸引更多潜在用户进入直播间。

（二）优势

新浪微博引流的优势主要包括用户基数大、信息传播速度快和互动性强。

用户基数大：新浪微博拥有庞大的用户群体，通过新浪微博引流可以覆盖广泛的潜在用户。

信息传播速度快：新浪微博平台上的信息传播速度非常快，一条热门微博可以在短时间内被大量用户转发和评论，从而实现快速引流。

互动性强：新浪微博平台上的用户互动频繁，通过评论、点赞等功能可以增强用户与品牌之间的互动，提升直播的参与度和用户黏性。

（三）注意事项

通过新浪微博进行直播引流时，品牌需要注意提高内容质量、合理利用功能和定期分析数据。

提高内容质量：新浪微博平台上的内容竞争激烈，品牌需要确保发布的直播预告和活动信息具有吸引力、实用性和独特性，以吸引用户的关注和参与。

合理利用功能：品牌应当充分利用新浪微博的话题、热搜等功能，提升直播内容的曝光度和传播效果。

定期分析数据：品牌应当定期分析新浪微博数据和直播数据，了解用户的喜好和需求，优化引流策略和内容策划。

综上所述，微信公众号、微信朋友圈、社群和微博是实现平台外部直播引流的关键渠道。通过这些渠道进行引流，可以大幅度提升直播的曝光度和用户参与度，从而达到更好的营销效果。

📚 任务实施：农产品直播平台外引流

任务背景

为了让"山西黄河滩枣"专题直播促销活动吸引更多观众，促进山西黄河滩枣的销售，"晋富农"电商公司决定让李凌在平台外进行引流。请你协助李凌完成这次任务，确保直播活动能够取得成功。

任务操作

在进行平台外引流时，可参照如下步骤进行。

步骤1：确定平台外引流渠道

在进行平台外引流时，首要任务是明确有效的引流渠道。为确保直播活动吸引更多用户，李凌对多个渠道进行了深入研究。鉴于新浪微博是国内最大的社交媒体平台之一，其不仅用户基数庞大，而且互动性强、信息传播速度快，李凌决定将其作为核心引流渠道。

通过发布精心设计的直播预热海报和引人入胜的营销信息，李凌可以在新浪微博平台上迅速吸引大量潜在用户的注意。而新浪微博平台的互动功能，如回复评论和发起话题讨论，不仅能增加用户的参与度，还能进一步提升他们对直播活动的期待和兴趣。

通过这一策略，李凌期望能为此次直播活动带来更多流量和关注，进而推动山西黄河滩枣的销售，实现品牌与市场的双赢。

步骤2：进行平台外引流前的准备

平台外引流的成功与否，很大程度上取决于前期的策划与准备。为了确保此次直播活动能够吸引大量用户，李凌进行了周密的准备。

（1）准备直播预热海报

引人注目的直播预热海报是吸引用户点击的第一步。直播预热海报要能有效地传达直播信息，同时要确保美观且富有吸引力，以便更好地吸引用户的眼球。

李凌根据直播的主题精心挑选了一幅预热海报（见图6-1），直观展示黄河滩枣的外观、特点和优势，突出产品的独特魅力和营养价值。同时，直播预热海报展示了直播主题、产品卖点及直播时间，以进一步引导用户参与和购买。

（2）编写文案内容

吸引人的微博文案是直播引流成功的关键。为了确保此次直播活动能够引起广泛关注并激发用户的参与热情，李凌投入了大量心思来编写文案。

在编写文案时，李凌注重突出活动预告的核心信息，如直播主题、直播时间、直播卖点等。此外，他还说明了互动方式，如抽奖活动、话题讨论等，以提高用户的参与度和留存率。编写好的微博文案如下。

【直播主题】"山西黄河滩枣"专题直播促销

你是否听说过那传说中的山西黄河滩枣？它蕴藏着大自然的精华，每一颗都饱受黄河的滋养。这不仅仅是一颗枣，更是一个美味的传奇！

【直播时间】2024 年 3 月 6 日 19:00

【直播卖点】黄河滩枣——健康之选，营养满分！

【抽奖活动】凡是在本条微博下方评论的用户都可以参与抽奖，有机会赢取免费黄河滩枣大礼包！

（3）策划互动话题

引人入胜的互动话题可以提高用户的参与度和留存率。李凌精心策划了话题 # 黄河滩枣的故事 # 和互动抽奖活动。用户在观看直播的同时，可以参与话题讨论，分享自己的看法和体验；同时，还有机会通过抽奖获得一袋黄河滩枣。话题与活动进一步激发了用户的参与热情，并促进了品牌与用户之间的交流。

山西黄河滩枣
专题直播促销活动

黄河之畔的珍宝

健康之选，营养满分
直播盛宴，不容错过

直播时间
2024年3月6日
19:00

图6-1　直播预热海报

（4）安排发布时间

合适的发布时间可以最大程度地提升活动的曝光度和吸引力。在发布时间方面，李凌选择了晚上8点这一微博用户活跃度高的时间。这不仅能确保更多的用户看到推广信息，还能提高引流效果，为直播活动带来更多的流量和关注。

通过这一系列的精心策划与准备，李凌为此次直播活动增添了更多亮点和吸引力，同时也为后续的平台外引流工作创造了有利条件。

步骤3：完成微博图文编辑与发布

登录新浪微博，在文案编辑框中输入已经编辑好的文案，再点击编辑框下的"图片"按钮，添加准备好的直播预热海报，最后添加话题＃黄河滩枣的故事＃，编辑完成且检查无误之后进行发布，如图6-2所示。

图6-2 发布成功的微博

任务拓展

"海滨鲜味"是一家专注于销售东海优质海鲜的电商公司，以提供新鲜、健康、美味的海鲜产品而闻名。该公司致力于将东海丰富的海洋资源带给全国各地的消费者，并积极传播海鲜饮食文化。为了即将到来的"东海大黄鱼"专题直播促销活动，公司决定让小杨负责在平台外进行引流，吸引更多用户关注和参与直播活动。

请同学们根据本任务所学内容，帮助小杨完成平台外引流工作。

为了完成"东海大黄鱼"专题直播促销活动的平台外引流工作，选择适合的平台外引流渠道至关重要。请你根据所学知识，帮助小杨选择一个平台外引流渠道，并说明理由，完成表6-1。

在确定了合适的平台外引流渠道后，还需要进行平台外引流前的准备。请你根据所学知识，帮助小杨精心制作直播预热海报、撰写预热文案、策划互动话题及确定发布时间，以最大化吸引用户的注意力并提升活动的参与度，完成表6-2。

表 6-1　选择的平台外引流渠道及选择理由

平台外引流渠道	选择理由

表 6-2　平台外引流前的准备

相关准备事项	具体内容
制作直播预热海报	
撰写预热文案	
策划互动话题	
确定发布时间	

　　完成平台外引流前的所有准备工作后，还要完成相关内容的编辑与发布。请你根据所学知识，帮助小杨完成相关内容的编辑与发布，并将发布的内容填写在下方空白处。

任务6.2　平台内付费推广

👤案例导入

　　完成平台外引流后，李凌还要完成平台内付费推广的工作。

李凌分析了常见的平台内付费推广方式，如直播 DOU+ 引流、巨量千川直播引流和快手粉条引流等，综合考虑了公司的目标受众、预算和推广效果预期，决定采用直播 DOU+ 引流作为主要的推广方式。

李凌制订了详细的推广计划，包括设定合适的投放时间、调整推广地域和受众人群，确保广告能够覆盖对农产品感兴趣且具有购买力的人。在推广过程中，李凌密切关注数据分析和用户反馈，及时调整推广策略，确保广告效果最大化。通过精准定位和有效推广，直播 DOU+ 引流成功吸引了大量用户观看直播，并带动了山西黄河滩枣的销量增长。

【案例思考】

通过阅读案例，思考并回答以下问题：

（1）直播 DOU+ 引流策略在提升山西黄河滩枣知名度和销量方面有哪些优势？

（2）在实施直播 DOU+ 引流策略时，可能会遇到哪些挑战？

任务知识

除了利用平台外引流渠道，平台内付费推广同样是一种高效且富有竞争力的引流策略，特别是在直播行业日益繁荣的当下。通过精心策划的付费推广活动，商家可以让自己的品牌或产品在海量内容中脱颖而出，获得更多用户的关注和认可。在平台内付费推广方面，商家有多种方式可选，如直播 DOU+ 引流、巨量千川直播引流和快手粉条引流。

一、直播DOU+引流

DOU+ 作为抖音平台的一项推广服务，为直播引流提供了有力支持。DOU+ 引流的基本原理是利用抖音的智能推荐算法，将直播内容推荐给潜在观众，从而提高直播间的曝光量，增加直播间的观看人数。

（一）DOU+引流特点

精准定位：DOU+ 允许广告主根据年龄、性别、地域、兴趣等多维度标签，精准定位目标受众，确保推广信息能够触达最有可能感兴趣的人群。

高效转化：通过 DOU+ 推广的直播间可以获得更多的曝光和流量，从而增加观众互动、关注和购买的可能性。

数据反馈：DOU+ 会提供详细的数据报告，包括曝光量、点击率、转化率等，帮助广告主实时调整策略，优化推广效果。

（二）利用DOU+进行直播引流

制订推广计划：明确推广目标，设定合理的预算和时间范围，选择合适的投放方式，如自动投放或手动投放。

优化直播内容：确保直播内容质量高、有趣且有价值，以吸引并留住观众；同时，要注意直播间的布置和主播的表现，提升整体观感。

制定引流策略：结合 DOU+ 的推广数据，分析观众兴趣和需求，制定有针对性的引流策略，如可以通过设置吸引人的标题和封面图，或者在直播过程中穿插互动环节（如抽奖、答题等）来吸引更多观众。

二、巨量千川直播引流

巨量千川是字节跳动旗下的营销服务平台，致力于为企业提供全方位的数字营销解决方案。在直播引流方面，巨量千川通过整合字节系产品的营销能力，帮助广告主实现更高效的直播推广。

（一）巨量千川引流特点

全域整合：巨量千川能够整合抖音、今日头条、西瓜视频等多个字节系产品的用户数据和行为信息，实现全域营销。

智能投放：基于深度学习和大数据分析技术，巨量千川能够实现精准的智能投放，提高广告效果和转化率。

数据驱动：巨量千川提供了丰富的数据分析和优化工具，能帮助广告主实时监控广告效果，调整投放策略。

（二）利用巨量千川进行直播引流

构建营销计划：根据企业目标和市场状况，制订合适的营销计划，包括目标受众、预算分配、投放时间等。

优化广告创意：利用巨量千川的广告创意工具，制作高质量、有吸引力的广告素材，增强用户点击和观看的意愿。

利用数据驱动优化：通过巨量千川的数据分析工具，实时监控广告效果和用户反馈情况，调整投放策略并优化广告内容。

三、快手粉条引流

快手是国内知名的短视频社交平台之一，拥有庞大的用户群体和活跃的社交氛围。快手粉条作为快手平台的一项推广服务，为直播引流提供了有力支持。

（一）快手粉条引流特点

社交属性强：快手粉条可以利用快手平台的社交属性，通过关注和互动等方式，提高直播间的曝光度和观众黏性。

定向投放精准：快手粉条允许广告主根据用户兴趣、地域、性别等维度进行定向投放，以确保广告能够触达目标受众。

效果可衡量：快手粉条提供了详细的数据报告和分析工具，能帮助广告主实时监控广告效果和用户反馈情况，优化投放策略。

（二）利用快手粉条进行直播引流

制定推广策略：明确推广目标，选择合适的投放方式和预算分配，确保推广效果最大化。

优化直播内容：结合快手平台的特点和用户喜好，制作有趣、有价值的直播内容，吸引更多用户关注和互动。

利用社交属性：通过发布动态、互动评论等方式，增加与观众的互动，提高观众黏性，增加直播间的曝光度和观看人数。

直播引流已成为现代营销的重要手段之一。通过 DOU+、巨量千川和快手粉条等推广工具，企业可以更有效地吸引潜在观众进入直播间，提高品牌曝光度和转化率。在实际操作中，企业需要根据自身目标和市场状况选择合适的推广策略和工具，不断优化广告内容和投放策略，以实现最佳的直播引流效果。

任务实施：农产品直播平台内付费推广

任务背景

"晋富农"电商公司的专题直播促销活动，除了要进行平台外引流，还要进行平台内付费推广，以此来增加活动的曝光度和参与度。李凌被委以重任，将负责这一关键任务。请你协助李凌，根据所学知识，完成这次平台内付费推广任务，确保直播促销活动取得圆满成功。

任务操作

在进行平台内付费推广时，可参照如下步骤进行。

步骤1：确定平台内付费推广方式

在确定平台内付费推广方式时，李凌首先想到了巨量千川这一平台。巨量千川作为字节跳动旗下的营销服务平台，拥有强大的用户覆盖能力和精准的数据分析能力，非常适合为此次专题直播活动进行推广。

利用巨量千川的智能定向功能，李凌可以精准地将广告推送给对农产品感兴趣的用户，特别是对山西黄河滩枣感兴趣的用户，提高广告的点击率和转化率。

通过这一策略，李凌期望巨量千川的推广能够为直播活动带来大量精准流量，提升直播间的曝光度和观众的参与度。这将为山西黄河滩枣的销售和品牌知名度的提升带来显著效果，实现推广活动的预期目标。

步骤2：登录抖店

抖店提供了多种登录方式，包括使用手机、邮箱或通过第三方应用账号登录。在尝试登录抖店时，用户必须完成账号信息的填写或绑定，并且需要阅读并同意相关的用户协议和隐私条款，如图6-3所示。李凌选择使用企业的抖音账号登录抖店。

图6-3 登录抖店

步骤3：进入抖店后台

进入抖店后台，如图6-4所示；首先单击顶部的"巨量千川"选项，进入巨量千川首页，如图6-5所示；接着单击右边侧栏的"新建计划"按钮，进入推广设置页面，如图6-6所示。

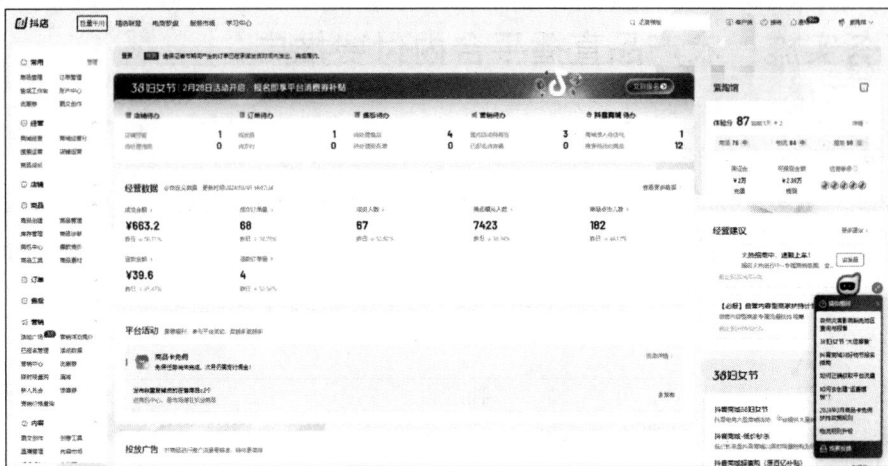

图6-4　进入抖店后台

图6-5　进入巨量千川首页

图6-6　进入推广设置页面

步骤4：设置推广计划

（1）计划目标设置

在推广设置页面设置计划目标，包括营销目标、营销场景、广告类型和推广方式。

① 设置营销目标

营销目标包括推商品和推直播间。推商品可以吸引用户关注商品，提高商品销量；推直播间则可以吸引用户进入直播间，提高直播间的互动量和成交量。李凌希望在本次直播活动中，能够有更多的用户进入直播间，因此他选择将营销目标设置为推直播间。

② 设置营销场景

营销场景包括日常销售、新客转化和直播加热。日常销售可以满足商家日常销售需求，支持多种深浅转化目标，提高商品销量；新客转化可以新增品牌和抖音号新客投放，提高店铺/品牌/抖音号的新客购买占比；直播加热则可以快速提升直播的观看量、互动量，进而促进转化。李凌此次的推广目标是提高产品销量，所以将营销场景设置为日常销售。

③ 设置广告类型

广告类型包括通投广告和搜索广告。通投广告是一种广泛覆盖的广告形式，旨在触达尽可能多的潜在用户；搜索广告是基于用户搜索关键词触发的广告形式。李凌结合推广目标，将广告类型设置为通投广告。

④ 设置推广方式

推广方式包括托管推广和自定义推广。托管推广是一种智能化的推广方式，广告主将推广任务交给巨量千川的智能算法进行管理和优化；自定义推广允许广告主根据自己的需求和经验，手动设置广告投放的各项参数和策略。李凌考虑到托管推广能够实时调整投放策略，可以确保广告效果最大化，且无须频繁监控和调整投放计划，使他能够将更多精力投入其他营销活动中，所以李凌将推广方式设置为托管推广。

经过上述步骤，李凌完成了计划目标的设置，如图6-7所示。

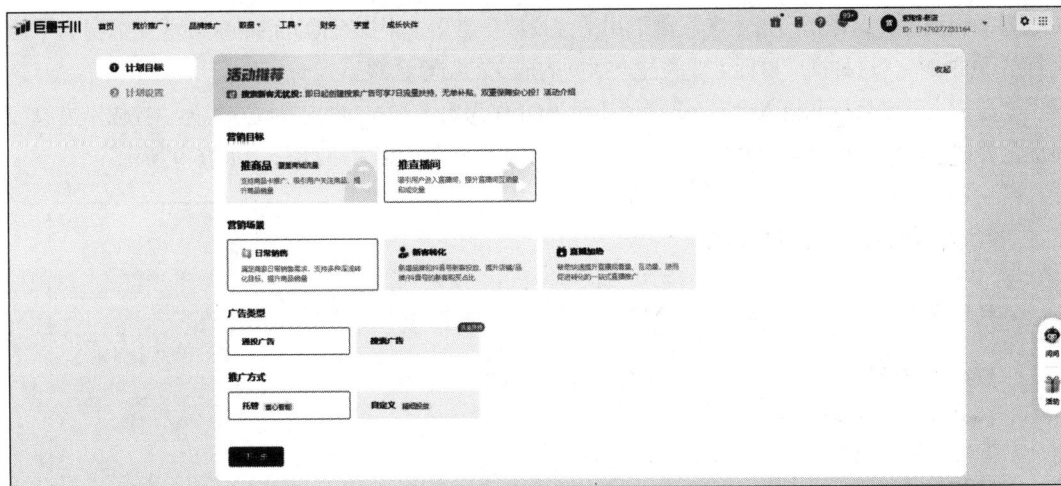

图6-7 计划目标设置

（2）计划设置

单击"下一步"按钮，进入计划设置页面，如图6-8所示。计划设置包括优化成本目标、投放设置、定向人群设置、智能创意设置和计划信息设置。

① 优化成本目标

成本目标可以分为支付ROI（Return on Investment，投资回报率）、直播间成交、结算ROI和直播间结算四种。

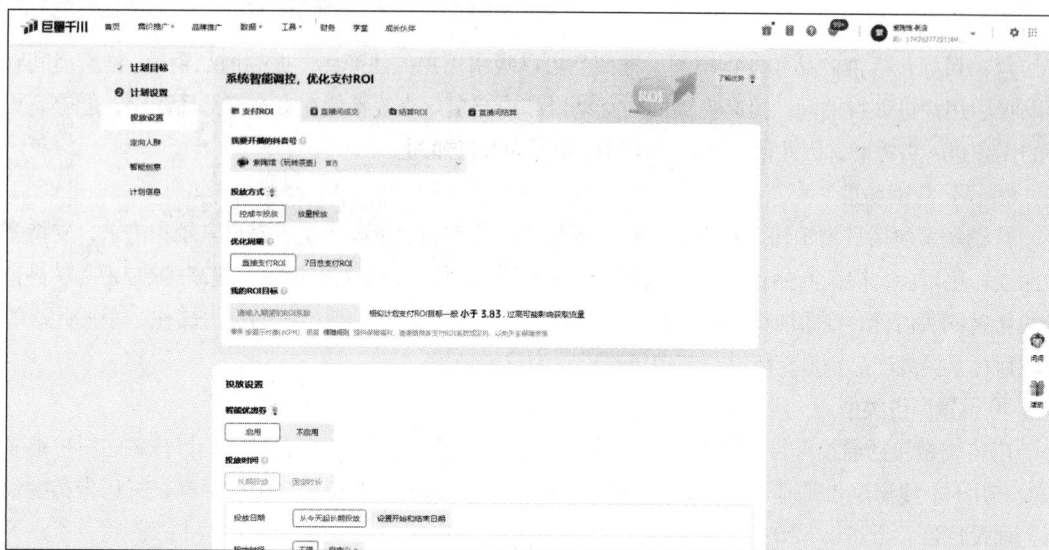

图6-8 计划设置页面

支付 ROI。这是指广告主在巨量千川平台投放广告后，所获得的收益与投入的广告费用之间的比例。简单地说，就是广告主每投入一定的广告费用，能够获得多少收益。

直播间成交。这是指广告主在巨量千川平台投放广告后，直接引导用户进入直播间并促成交易的情况。这种推广目标主要关注直播间内的实际成交情况。

结算 ROI。与支付 ROI 类似，但结算 ROI 更侧重于广告主与平台之间的结算环节。广告主在广告投放后，根据实际结算金额与广告费用之间的比例来计算 ROI。

直播间结算。这是指广告主在巨量千川平台投放广告后，根据直播间内的实际成交情况与平台进行结算的目标。这种推广目标主要关注直播间内成交的结算金额。

李凌根据营销目标和投入金额，选择了支付 ROI 作为出价方式，设定投放方式为"控成本投放"，将优化周期设置为"直接支付 ROI"，并将"我的 ROI 目标"设定为"2.8"，如图6-9 所示。

图6-9 优化成本目标

②投放设置

投放设置包括智能优惠券、投放时间和日预算三部分。

智能优惠券。开启智能优惠券并投放后，系统会给付费流量触达的用户发放平台优惠券，以此来提高用户的下单转化率，提高 GMV（Gross Merchandise Volume，商品交易总额）产出。商家不额外承担优惠券费用。

投放时间。可选长期投放和固定时长；投放日期包括从今天起长期投放和设置开始、结束日期；投放时段包括不限和自定义。

日预算。这是广告主为广告活动设定的每日最高投放金额。结合企业的具体营销需求，广告主可以灵活调整日预算，确保广告投放与营销策略相匹配。

李凌结合推广目标，选择启用智能优惠券；投放时间设置为长期投放；投放日期设置为"2024年3月1日至2024年9月1日"；投放时段设置为"自定义"，并设置"星期一至星期日 20：00 至22：00"；日预算设置为300元，如图6-10所示。

图6-10 投放设置

③定向人群设置

定向人群包括地域、性别、年龄、行为兴趣和抖音达人。

地域。广告主可以根据广告内容的适用性或目标市场的地理位置进行投放。地域选项包括不限、定向和排除。

性别。广告主可以根据目标受众的性别特征进行投放。性别选项包括不限、男和女。

年龄。广告主可以根据目标受众的年龄特征进行投放。广告主可以选择平台预测的年龄区间，确保广告触达目标年龄段的用户。

行为兴趣。广告主可以根据用户的行为和兴趣特征进行投放。行为兴趣选项包括不限、系统推荐和自定义。

抖音达人。广告主可以选择与特定的抖音达人合作，利用他们的影响力和粉丝基础来提高广告的曝光率和转化效果。抖音达人选项包括不限和自定义。

李凌结合推广目标，将地域和性别设置为不限；年龄设置为 18 ~ 23、24 ~ 30 和50+；行为兴趣设置为系统推荐；抖音达人设置为不限，如图 6-11 所示。

图6-11　定向人群设置

④ 智能创意设置

智能创意包括直播间画面和视频，设置时两者最少选择一个，也可以同时选择。勾选"视频"选项后弹出对话框，需要添加创意素材和创意标题；最后设置"抖音主页隐藏视频"，选择隐藏或不隐藏。

李凌将智能创意设置为直播间画面和视频，设置抖音主页隐藏视频，如图 6-12 所示；然后通过结合直播预热海报和精准广告投放，打造生动有趣的直播体验，引发用户的兴趣，提升直播活动的曝光度和观众的参与度。

图6-12　智能创意设置

⑤ 计划信息设置

在"计划名称"处，可以设置计划信息，自定义计划名称；完成设置后，单击下方"发布计划"按钮完成发布，如图 6-13 所示。

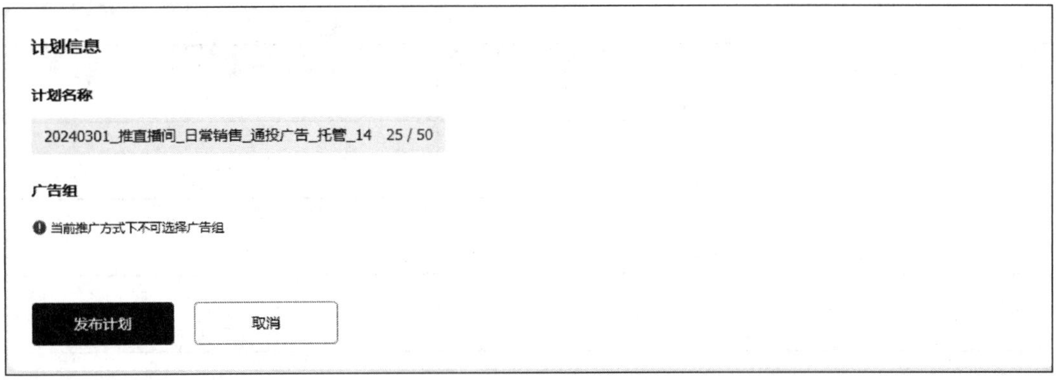

计划信息

计划名称

20240301_推直播间_日常销售_通投广告_托管_14　25 / 50

广告组

❶ 当前推广方式下不可选择广告组

| 发布计划 | 取消 |

图6-13　计划信息设置

任务拓展

"绿色山谷"是一家专注于有机农产品生产和销售的电商公司。该公司以提供新鲜、无污染、纯天然的有机食材而著称，致力于为追求健康生活的消费者提供高品质的农产品。

为了推广即将上线的有机秋葵，并庆祝丰收季的到来，"绿色山谷"决定举办一场名为"有机生活，健康同行"的专题直播活动。为了让更多人了解和体验有机生活的美好，同时促进有机秋葵的销售，进一步推广公司的品牌和价值观，公司决定让小沈负责在直播平台进行付费推广。

请同学们根据本任务所学内容，帮助小沈完成这一任务。

想要完成该直播活动的平台内付费推广任务，选择适合的推广方式至关重要。请你根据所学知识，帮助小沈选择一种平台内付费推广方式，并说明理由，完成表 6-3。

表 6-3　选择的平台内付费推广方式及选择理由

平台内付费推广方式	选择理由

确定了合适的平台内付费推广方式后，还需要完成相应的推广设置。请你根据所学知识，帮助小沈完成相关的直播推广设置，以最大化吸引用户的注意力并提升活动的参与度，完成表 6-4。

表 6-4　推广设置

步骤	具体描述	操作描述

职业视窗

规范直播引流行为，共筑直播行业繁荣生态

随着信息技术的飞速发展，我国直播行业呈现出蓬勃生机，直播带货已成为商家推广产品、扩大市场影响力的重要手段。在直播间进行精准引流，提高曝光度，对商家而言至关重要。然而，在这一新兴业态快速发展的同时，直播引流也暴露出一些问题，如夸大宣传、恶意竞争、侵犯他人隐私等，给广大消费者和市场秩序带来了困扰。

为了深入学习贯彻党的二十大精神，推动直播行业健康有序发展，保护消费者合法权益，中国广告协会发布《网络直播营销行为规范》。该规范旨在引导网络直播行业规范有序发展，督促网络直播营销主体诚实守信，保护消费者合法权益，营造公平、公正、透明的市场竞争环境。

规范中明确要求：

第七条　网络直播营销主体应当依法履行网络安全与个人信息保护等方面的义务，收集、使用用户个人信息时应当遵守法律、行政法规等相关规定。

第八条　网络直播营销主体应当遵守法律和商业道德，公平参与市场竞争。不得违反法律规定，从事扰乱市场竞争秩序，损害其他经营者或者消费者合法权益的行为。

遵守法律法规是直播引流活动的根本要求，也是保障直播行业健康、有序、可持续发展的基石。作为企业直播运营人员，我们更需要深入学习贯彻党的二十大精神，以规范引流行为为己任，不断提升自身素质和职业道德水平，共同推动直播行业繁荣生态的构建。

职业技能训练

一、单项选择题

1. （　　）不属于平台外引流渠道。

    A. 微信公众号   B. 微信朋友圈   C. 社群   D. 电视广告

2. 通过发布二维码、直播预告、分享直播间链接或直播精彩瞬间等，借助家人和朋友关系链的力量，将直播信息传播给更多人，以实现增加直播间观众数量和提升直播间曝光度的目的的引流渠道是（   ）。

    A. 微信公众号

    B. 微信朋友圈

    C. 社群

    D. 粉丝互动

3. 以下不适合在微信社群中进行直播引流的方式是（   ）。

    A. 发布直播预告并 @ 群内活跃用户

    B. 举办群内互动活动，引导用户分享直播信息

    C. 频繁发送直播链接，避免用户错过

    D. 与群内关键意见领袖合作推广直播

4. 在利用平台外引流渠道进行直播推广时，做法错误的是（   ）。

    A. 保持内容质量和更新频率，提高用户黏性

    B. 忽视数据分析，仅凭直觉调整策略

    C. 跟与目标受众匹配的渠道进行合作推广

    D. 定期评估引流效果，优化推广策略

二、多项选择题

1. 商家在选择平台内付费推广方式时，应考虑的因素有（   ）。

    A. 目标受众的特点

    B. 推广预算和成本效益

    C. 渠道的用户活跃度和覆盖范围

    D. 产品的特性和市场需求

2. 相对于其他平台内付费推广方式，快手粉条引流具有的独特优势有（   ）。

    A. 更适合短视频内容的推广

    B. 更高的互动率

    C. 更精准的目标受众定位

    D. 更低的推广成本

3. 平台外引流渠道引流的优势包括（   ）。

    A. 精准定位目标受众

    B. 高度的用户黏性

    C. 多样化的内容展示

    D. 广泛的品牌曝光

三、判断题

1. 平台外引流是利用直播平台的功能和资源，通过营销推广将用户引导至特定直播间，从而提高直播间的热度、互动率和关注度。（   ）

2. 通过与用户互动，提升用户参与度、增加用户黏性的引流方式是微信朋友圈引流。（   ）

3. 通过平台外引流，可以将直播内容推广到其他社交媒体平台或网站，吸引更多潜在受众进入直播间，扩大受众范围。（   ）

学习成果评价

学生基本信息						
姓名		分组				
实训科目		实训指导教师				
类别	项目要求	分值	评分细则	自我评价	小组评价	教师评价
素养 （30分）	直播引流时遵守相关的法律法规要求	15分	直播引流不符合相关法律法规要求得0分			
	直播引流过程中保护用户隐私安全	15分	直播引流时不保护用户的隐私安全得0分			
核心技能 （70分）	能够根据直播营销目的选择合适的平台外引流渠道进行引流	35分	选择合适的平台外引流渠道得5分，平台外引流操作步骤撰写正确得5～30分			
	能够根据直播营销目的选择合适的平台内付费推广方式进行引流	35分	选择合适的平台内付费推广方式得5分，平台内付费推广操作步骤撰写正确得5～30分			
合计		100分	—			
总分（加权平均分，自我评价20%，小组评价30%，教师评价50%）：						
组长签字			教师签字			

项目7
判断决策复盘助：直播数据分析

学习目标

知识目标

1. 了解直播数据分析的基本思路。
2. 熟悉各类直播数据获取的工具。
3. 认识直播数据分析指标的主要类型。
4. 了解直播数据分析关键指标的含义及作用。

能力目标

1. 能够根据直播的目的，制定恰当的直播数据分析思路。
2. 能够结合直播数据分析工具，掌握直播数据分析指标的类型。

素养目标

1. 树立数据思维，形成以数据分析指导运营和决策的意识。
2. 强化直播数据安全与隐私保护意识，确保直播数据在采集、传输、存储和分析过程中的安全性和隐私性。

学习导引

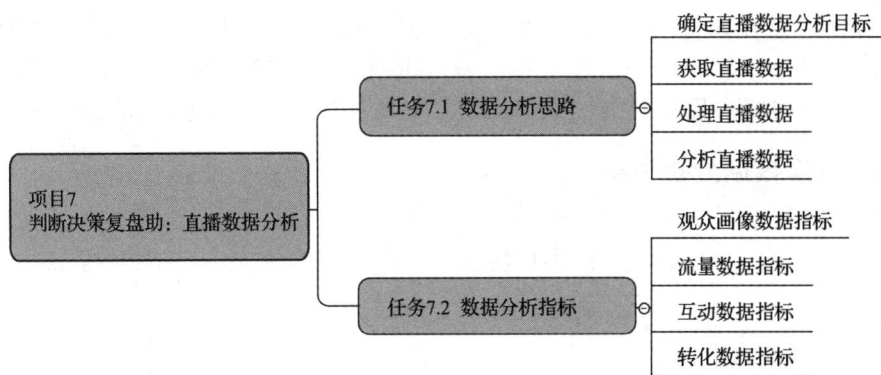

任务7.1　数据分析思路

案例导入

为进一步推广旗下主打产品山西黄河滩枣，"晋富农"电商公司决定委派李凌负责制定直播数据分析的思路，以精准洞察消费者行为，优化营销策略。

确定数据分析目标。李凌首先需要明确此次数据分析的具体目标，包括但不限于了解消费者的购买偏好、直播互动效果、流量来源等。明确的目标将为后续的数据收集、处理和分析提供明确的指导。

获取直播数据。接下来，李凌需要从多个渠道收集与直播相关的数据，包括直播平台的后台数据、第三方分析工具提供的数据、消费者反馈等。

处理直播数据。在收集到原始数据后，为了确保数据的准确性和一致性，李凌需要进行数据清洗和预处理，包括去除重复数据、处理缺失值、进行异常值检测等。此外，李凌还需要对数据进行分类、转换和整合，以便后续进行分析工作。

分析直播数据。处理完数据后，李凌通过数据分析的方法对数据进行深入分析。通过数据分析，李凌了解了消费者的购买偏好、直播活动的吸引力及其可能存在的问题和改进点，从而为公司的直播活动提供有力的数据支持。

【案例思考】

通过阅读案例，思考并回答以下问题：

（1）李凌是如何确保所收集数据的准确性和可靠性的？

（2）进行直播数据分析对"晋富农"电商公司来说有什么意义？

任务知识

随着直播行业的蓬勃发展，数据分析在直播间运营中扮演着越来越重要的角色。通过对直播数据进行深入分析，主播和运营团队可以更加精准地了解观众需求，优化直播内容，提升观众体验，进而实现商业价值的最大化。直播数据分析的基本思路包括确定直播数据分析目标、获取直播数据、处理直播数据和分析直播数据四个步骤。这四个步骤相互关联，共同构成了一个完整的数据分析流程。

一、确定直播数据分析目标

在进行直播数据分析之前，首先要明确直播数据分析的目标。目标是直播数据分析的出发点和落脚点，只有明确了目标，才能有针对性地进行数据收集、处理和分析。直播数据分析的目标通常包括以下几个方面。

（一）了解观众行为

通过数据分析，深入了解观众的观看习惯、互动行为及消费习惯等，从而为观众画像的构建和内容的精准推送提供依据。

（二）优化直播内容

通过分析消费者反馈和观看数据，发现直播内容的优缺点，进而调整内容策略，增强直播的吸引力和观众黏性。

（三）提高直播效果

通过对直播数据进行监测和分析，发现影响直播效果的关键因素，如观众参与度、互动率等，从而有针对性地优化直播策略，提高直播效果。

（四）探索商业价值

通过数据分析，发现潜在的商业价值点，如用户购买行为、广告投放效果等，为直播间的商业化运营提供有力支持。

二、获取直播数据

在明确了数据分析目标之后，下一步就是获取数据。数据的来源和质量直接影响数据分析结果的准确性。因此，获取数据是直播数据分析的关键环节。直播数据的获取方式主要有以下几种。

（一）账号后台数据

通过直播平台的账号后台，可以获取关于直播的各项数据，如观众数量、观看时长、互动情况等。这些数据是直播数据分析的基础。淘宝直播后台数据和抖音后台数据分别可以通过淘宝直播中控台、淘宝主播 App 及抖音创作者中心获取。

1. 淘宝直播中控台和淘宝主播App

在淘宝平台直播，运营人员可以通过淘宝直播中控台和淘宝主播 App 两个渠道获取直播数据。

淘宝直播中控台是计算机端查看淘宝直播数据的平台，它既可以在直播进行时查看数据，也能够在直播结束后查看对应数据。淘宝直播中控台首页如图 7-1 所示。

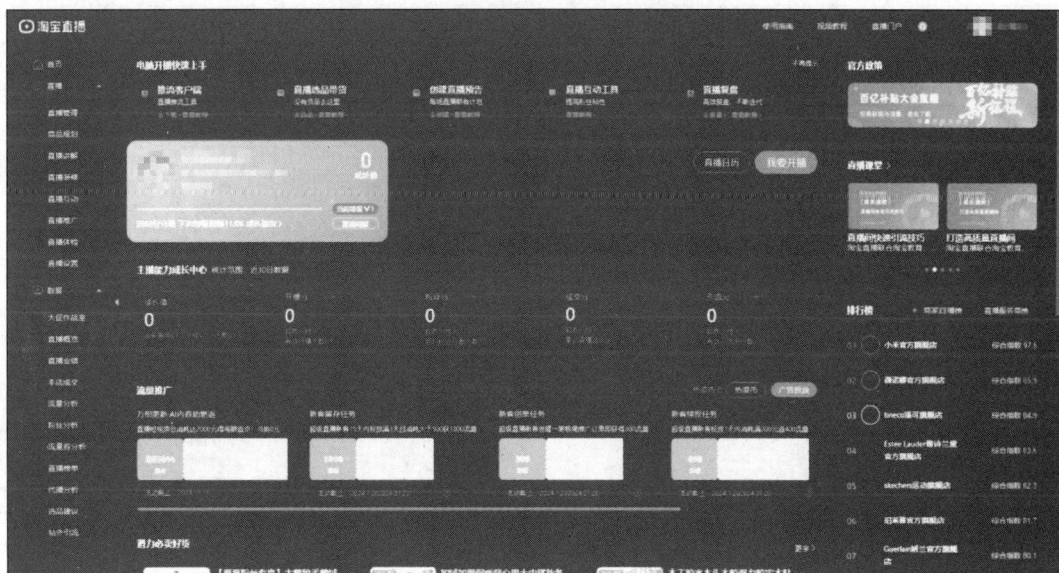

图7-1　淘宝直播中控台首页

淘宝主播 App 是手机端查看淘宝直播数据的平台，可查看直播实时数据。对于已经结束的直播，运营人员可以在淘宝主播 App 上进入对应直播的数据分析页面查看数据。淘宝主播 App 首页如图 7-2 所示。

2. 抖音创作者中心

在抖音平台直播，运营人员可以通过登录抖音创作者中心获取直播数据。这些数据主要包括观众的观看时长、互动情况、点赞数和分享次数等。这些数据有助于主播和运营人员更好地了解其受众群体，进而调整直播内容，以提升观众参与度和留存率。抖音创作者中心首页如图 7-3 所示。

图7-2　淘宝主播App首页

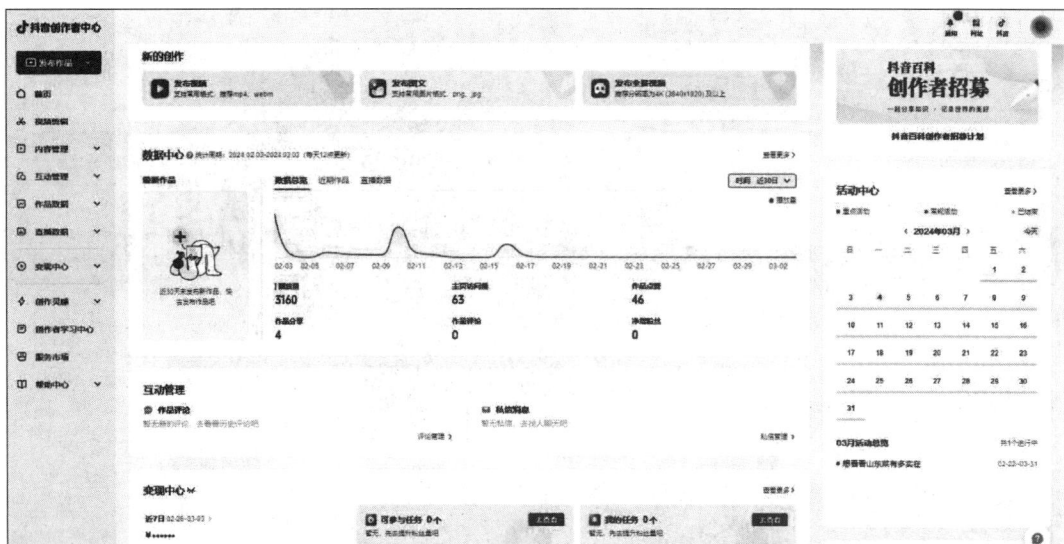

图7-3　抖音创作者中心首页

（二）平台提供的数据

许多直播平台都提供了数据采集工具，这些工具可以帮助运营人员更加便捷地获取和分析数据。通过这些工具，运营人员可以深入了解观众的观看习惯、互动行为等。淘宝直播平台和抖音平台提供的常用数据采集工具分别有生意参谋和抖音电商罗盘。

1. 生意参谋

生意参谋是淘宝专为卖家打造的电商数据分析工具。通过这一工具，卖家能够全方位、多角度地洞悉店铺运营状况，为经营策略的优化提供坚实的数据支撑。无论是直播活动的观众互动情况、观看时长，还是直播产品的点击率，生意参谋都能为卖家进行详尽的数据分析。卖家只需登录生意参谋，便可轻松掌握业务动态，发现潜在机会，提升销售效果。生意参谋首页如图7-4所示。

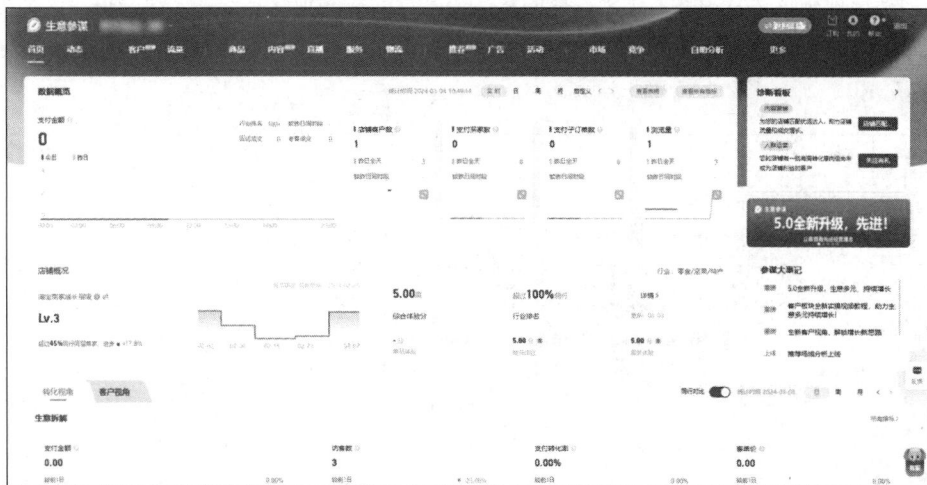

图7-4　生意参谋首页

2. 抖音电商罗盘

抖音电商罗盘是抖音平台专为电商卖家打造的数据分析工具，致力于助力卖家精准追踪和深入分析业务表现。通过提供详尽的产品销售数据、观众互动情况及广告效果评估，抖音电商罗盘帮助卖家洞察受众需求，识别热门产品趋势，并评估广告策略的有效性。卖家通过抖音电商罗盘，可以更加明智地制定市场策略，优化产品组合，提升广告效果，从而实现业务增长。抖音电商罗盘首页如图7-5所示。

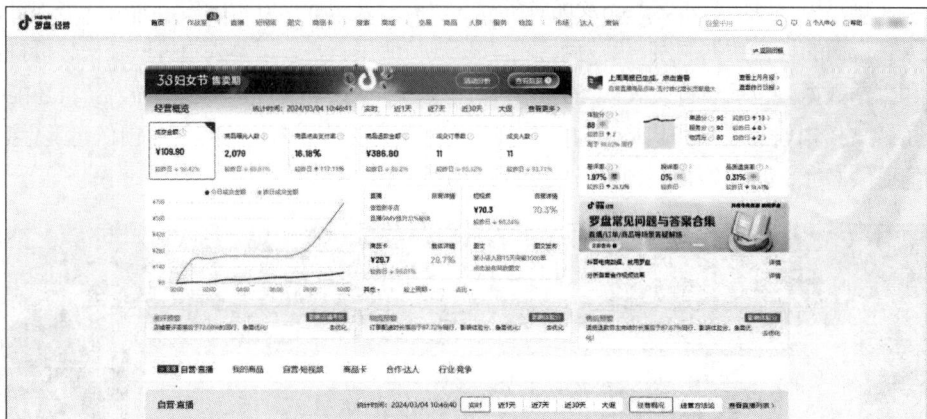

图7-5　抖音电商罗盘首页

（三）第三方数据

除了平台提供的数据采集工具，运营人员还可以借助第三方数据采集工具来获取更加全面、深入的数据。这些工具通常具有更加强大的数据处理和分析能力，可以帮助主播和运营人员更加精准地了解受众需求和市场动态。目前市面上主流的第三方数据采集工具有蝉妈妈和新抖。

1. 蝉妈妈

蝉妈妈是一款专注于抖音和小红书平台直播数据分析的工具。它能够帮助运营人员深入剖析抖音直播内容的观众互动情况，包括直播的观看人次、点赞数、评论数、分享数等关键数据，为运营人员揭示观众的真实反馈和偏好。同时，蝉妈妈还能分析直播内容在小红书平台上的表现，帮助运营人员理解内容在不同社交媒体平台上的传播效果和受众反馈。凭借蝉妈妈的数据支持，运营人员可以更加精准地制定运营策略，优化直播内容，提高互动率和观众黏性。无论是抖音还是小红书，蝉妈妈都能提供宝贵的数据洞察，助力直播团队在激烈的市场竞争中脱颖而出。蝉妈妈首页如图 7-6 所示。

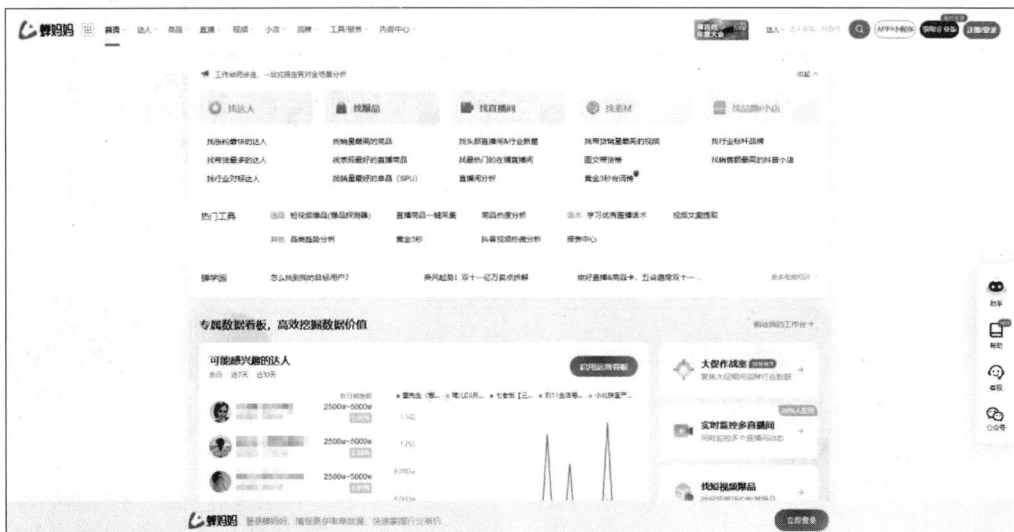

图7-6　蝉妈妈首页

2. 新抖

新抖是一款专注于抖音短视频和直播电商数据分析的工具，致力于全方位洞察抖音生态，帮助运营人员发掘热门视频、音乐、产品及优质账号。凭借强大的数据分析能力，新抖能够为运营人员提供深入、全面的抖音数据洞察，助力账号运营变现。使用新抖，运营人员可以轻松分析抖音上的短视频和直播数据，包括观看人次、点赞数、评论数、分享数等关键指标。此外，新抖还能帮助运营人员了解直播销售的效果和趋势，为电商业务提供有力支持。无论是短视频创作还是直播销售，新抖都能提供宝贵的数据支持和策略建议。新抖首页如图 7-7 所示。

图7-7　新抖首页

三、处理直播数据

在获取了直播数据后，处理这些数据是至关重要的一步。数据处理是一个涵盖清洗、转换和整合原始数据的过程，可以为后续的深入分析打下坚实基础。

（一）数据清洗

数据清洗包括去除重复数据以避免误导分析，识别并处理异常数据以消除不合理值，以及处理缺失、格式错误或不完整的数据，以确保数据的完整性和准确性。

（二）数据转换

数据转换是实现数据量化的关键步骤。通过统一数据格式和标准，将文本型数据转换为数值型数据，运营人员能够更好地进行量化分析和建模。同时，对不同量纲或范围的数据进行标准化或归一化处理，使它们能够在同一尺度上进行比较和分析，提高了数据的可比性和分析效果。

（三）数据整合

数据整合是将多源数据合并成一个完整的数据集，包括合并来自不同渠道或系统的数据，以及处理数据中的空值或缺失值，以确保数据的完整性和一致性。

经过这些处理步骤，直播数据将变得更加清晰、规范和统一，为后续的数据分析工作提供可靠的基础。

四、分析直播数据

完成数据处理后，就可以进行数据分析了。数据分析是直播数据分析的核心环节，通过对数据进行深入挖掘和分析，运营人员可以发现受众需求、优化直播内容、提高直播效果等。直播数据分析的方法主要有以下几种。

（一）对比分析法

对比分析法是直播数据分析中最常用的一种方法。通过对比不同时间、不同内容、不同主播等条件下的直播数据，运营人员可以发现其中的差异和趋势，从而找出影响直播效果的关键因素。例如，可以对比不同时间段的观众数量、观看时长、互动率等指标，分析哪个时间段的直播效果最佳；或者对比不同主播的直播数据，找出最受欢迎的主播和直播内容。

在运用对比分析法时，需要注意数据的可比性和一致性，确保对比的数据是在相同或相似的条件下获取的。同时，还需要注意数据的时效性，及时更新数据并进行对比分析，以便更好地指导直播策略的调整。

（二）趋势分析法

趋势分析法是通过观察和分析直播数据的变化趋势，预测未来的发展趋势。通过对直播数据进行长期监测和分析，运营人员可以发现受众需求的变化、市场趋势的演变等信息，从而为直播内容的优化和直播策略的调整提供依据。例如，可以通过分析观众数量的变化趋势，预测未来的观众规模；或者通过分析观众的观看时长和互动率的变化趋势，发现观众对直播内容的偏好和需求变化。

在运用趋势分析法时，需要关注数据的连续性和稳定性，确保数据的变化趋势是有意义的。同时，还需要结合实际情况和市场需求，对数据的变化趋势进行合理的解释和预测，以便更好地指导直播策略的制定和调整。

（三）观众分析法

观众分析法是通过分析直播观众的属性和行为特征，了解其需求和偏好，从而优化直播内容，提高直播效果。通过对观众数据进行深入挖掘和分析，运营人员可以发现观众的年龄、性别、地域、职业等属性信息，以及观众的观看时长、互动率、购买转化率等行为特征。这些信息可以帮助直播团队更好地了解受众需求和偏好，制定更加精准的直播策略。例如，可以根据观众的属性信息调整直播内容和风格，以吸引更多目标受众；或者根据观众的行为特征优化直播互动环节，提高观众的参与度和购买转化率。

在运用观众分析法时，需要注重观众数据的隐私保护，确保数据的合法性和安全性。同时，还需要结合实际情况和市场需求，对观众数据进行合理分类和分组，以便更好地挖掘和分析受众需求和偏好。

综上所述，对比分析法、趋势分析法和观众分析法是直播数据分析中常用的三种方法。通过综合运用这些方法，可以对直播数据进行全面、深入的分析和挖掘，发现受众需求和市场趋势，优化直播内容，提高直播效果。

任务实施：制定直播数据分析思路

任务背景

近期，"晋富农"电商公司针对山西黄河滩枣这一特色农产品开展了一系列专题直播活动。为了深入了解活动效果，提高销售效率和消费者满意度，公司决定安排李凌制定直播数据分析思路。请你协助李凌，根据所学知识，完成直播数据分析思路的制定，确保能够全面、准确地评估专题直播活动的效果，为公司后续的市场策略制定提供有力支持。

任务操作

在制定直播数据分析思路时，可参照如下步骤进行。

步骤1：确定直播数据分析目的

在制定直播数据分析思路时，首要任务是明确直播数据分析的目的，为后续的数据收集、处理和分析提供方向。李凌首先需要明确此次直播数据分析的核心目的。

考虑到"晋富农"电商公司的业务背景和直播活动的特定目标，李凌确定此次直播数据分析的目的是评估"山西黄河滩枣"专题直播活动的表现，发现潜在的改进空间，提高销售效率和消费者满意度，为未来的直播活动和市场策略制定提供数据支持。

步骤2：获取直播数据

在明确了数据分析的目的后，数据获取成为至关重要的一步。李凌深知，数据的完整性和准确性对后续数据分析的有效性至关重要。为此，他选择利用抖音电商罗盘这一专业工具来获取直播数据。

抖音电商罗盘是抖音为电商用户量身打造的数据分析工具，能够全面捕捉直播活动的核心指标。李凌充分利用这一工具的强大功能，精准导出了与"山西黄河滩枣"专题直播活动紧密相关的关键数据。这些数据不仅涵盖了观看人数、互动情况、转化率等常规指标，还深入到销售额、观众行为路径等更为细致的层面。

通过这样的数据获取方式，李凌确保了数据的全面性和准确性，为后续的深入分析奠定了坚实的基础。

步骤3：处理直播数据

在获得原始数据后，对数据进行处理是必不可少的步骤。李凌决定清洗掉从抖音电商罗盘导出的原始数据中的无效、错误和重复数据。

（1）严格清洗数据

为了确保数据的质量，李凌首先对从抖音电商罗盘导出的原始数据进行了严格的清洗。他剔除了无效、错误和重复的数据，如观看时长为零的数据记录及存在明显错误的数据记录。这一步骤确保了数据的纯度和可靠性。

（2）灵活转换数据

为了让数据更易于分析和解读，李凌进行了灵活的数据转换。他将时间戳转换为更直观的日期和时间格式，便于进行时间序列分析。同时，他还将观看时长从秒转换为分钟，使其更符合人们的日常认知，从而提高了数据的可读性和易用性。

（3）全面整合数据

李凌并没有将数据局限于从抖音电商罗盘获取的数据，他还整合了公司的内部销售数据、消费者反馈数据等。通过将这些数据整合在一起，他得到了一个更完整、全面的数据集。这一整合过程使李凌能够从更宏观的视角分析直播活动的表现和影响，从而为后续的决策和策略制定提供有力支持。

通过以上精细的数据处理步骤，李凌确保了数据的准确性和分析的有效性，为后续深入的数据分析奠定了坚实的基础。

步骤4：分析直播数据

在完成数据清洗、转换和整合后，李凌开始进行深入的数据分析。他采用了观众分析法，从观众的角度出发，分析观众在直播间的行为路径、兴趣点、转化率等。他通过对比不同时间段、不同环节的数据，找出了观众参与度最高、转化率最高的时段和内容，为未来的直播活动提供了宝贵的参考。

通过以上四个步骤，李凌成功制定了直播数据分析思路，并为"晋富农"电商公司的"山西黄河滩枣"专题直播活动提供了精准的数据支持。这些数据不仅帮助公司评估了直播活动的效果，还为未来的市场策略提供了宝贵的参考。

任务拓展

"绿色山谷"是一家专注于有机健康食品生产和销售的电商公司。为了即将到来的"有机农产品特惠季"直播促销活动，公司决定委派小沈来制定直播数据分析思路，旨在精准洞察消费者行为，优化营销策略，以使后续活动效果达到最佳。

请同学们根据本任务所学内容，帮助小沈完成制定直播数据分析思路的工作。

为了有效地制定直播数据分析思路，首先要明确直播数据分析的目的。请你根据所学知识，结合"绿色山谷"的业务背景和直播活动的特定目标，帮助小沈确定此次直播数据分析的目的，并说明理由，完成表 7-1。

表 7-1 直播数据分析的目的和理由

直播数据分析的目的	理由

在明确直播数据分析的目的后，接下来需要选择一种既可靠又全面的工具来获取直播数据，以确保分析结果的准确性和有效性。请你根据所学知识，帮助小沈选择一种合适的工具，并说明理由，完成表 7-2。

表 7-2 获取数据的工具及理由

工具类型	工具名称	选择理由

获取到直播数据后，还要进一步处理这些数据以提取有价值的信息。请你根据所学知识，帮助小沈制定直播数据处理步骤，并完成表 7-3。

表 7-3 直播数据处理步骤

序号	处理步骤	步骤说明

处理完直播数据之后，需要选择合适的数据分析方法对处理好的直播数据进行分析。请你根据所学知识，帮助小沈选取一种合适的直播数据分析方法，并说明理由，完成表 7-4。

表 7-4 选择的直播数据分析方法及理由

直播数据分析方法	理由

任务7.2 数据分析指标

案例导入

为了进一步提高应县紫皮蒜的销售额，"晋富农"电商公司决定策划一场单品直播促销活动。作为此次活动的负责人，为了更准确地评估直播效果，并针对性地优化营销策略，李凌迫切需要深入了解直播数据分析的各项关键指标。

李凌了解到，直播数据分析指标主要可以分为四类：观众画像数据指标、流量数据指标、互动数据指标及转化数据指标。

观众画像数据指标主要关注直播间观众的基本属性和行为特征，包括性别、年龄、地域分布、购买意向等。通过对观众画像进行分析，李凌可以更好地理解目标受众，从而制定更精准的营销策略。

流量数据指标反映了直播间的流量来源和流量质量，包括观看人数、观众来源渠道、观看时长等。这些数据可以帮助李凌了解直播的吸引力及观众对直播内容的感兴趣程度。

互动数据指标主要关注直播间观众的参与度和活跃度，包括点赞数、评论数、分享数、弹幕数等。这些指标可以反映观众对直播内容的认可程度。

转化数据指标是衡量直播营销效果的关键指标，包括销售额、转化率（观看者转化为购买者的比例）、订单量等。

通过对这些指标进行分析，李凌可以评估直播活动的实际效果，以便调整营销策略，提高转化率。

【案例思考】

通过阅读案例，思考并回答以下问题：

（1）流量数据指标和转化数据指标对于评估直播效果有何重要性？

（2）李凌应如何通过这些指标来优化直播内容和营销策略？

任务知识

在进行直播数据分析时，直播团队的首要任务是深入理解并掌握各种关键指标。这些指标不仅有助于团队了解直播表现，还能够指导未来的策略制定和优化。直播数据分析的主要指标大致分为四类：观众画像数据指标、流量数据指标、互动数据指标及转化数据指标。下面以在第三方数据分析工具蝉妈妈上获取的抖音直播的单场直播数据为例，介绍直播数据分析的主要指标。

一、观众画像数据指标

观众画像数据指标包括性别分布、年龄分布、地域分布、购买意向等。图 7-8 所示为观众画像的分布数据。在性别分布上，女性观众占大多数；在年龄分布上，31 ~ 40 岁的观众占比居多；在地域分布上，观众多分布在山东、河南、广东等省份。

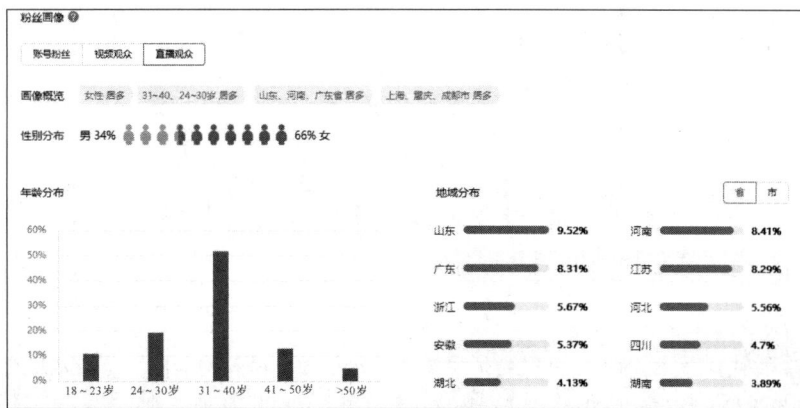

图7-8　观众画像数据分布

图 7-9 所示为直播观众购买意向。观众购买意向最高的是食品饮料，占比为 35.41%，其中零食 / 坚果 / 特产类目占比最高，显示出观众对这类产品的强烈兴趣。通过对这些核心观众画像数据指标进行深入分析，直播团队可以更加精准地把握观众特点，为产品优化、市场策略制定提供有力支持。

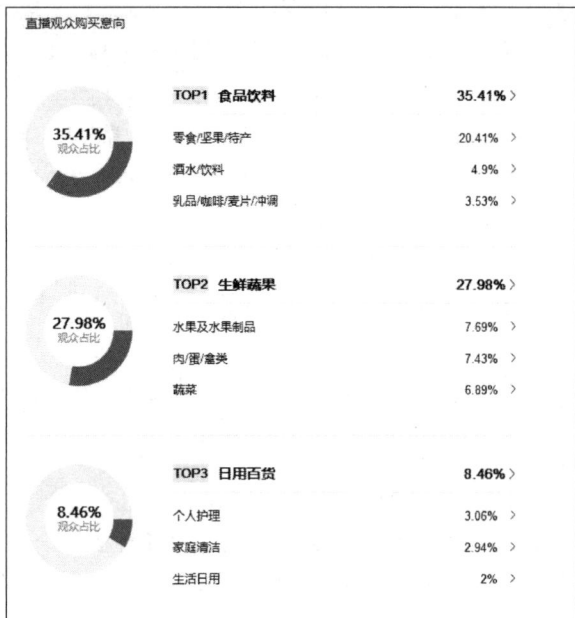

图7-9　直播观众购买意向

二、流量数据指标

流量数据指标包括粉丝团数据、涨粉数据和在线流量数据三种类型。

（一）粉丝团数据

抖音粉丝团是粉丝和主播的一个专属组织，观众加入粉丝团后会受到主播更多关注，主播也可通过粉丝团更好地维护粉丝关系，与粉丝互动。粉丝团数据包括本场新增粉丝团、粉丝团增量峰值、峰值时间等指标，如图 7-10 所示。

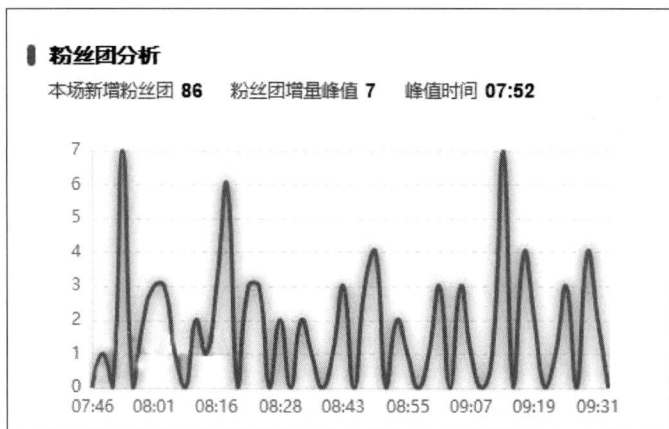

图7-10　粉丝团数据

其中，本场新增粉丝团指本场直播粉丝团新增粉丝总数，粉丝团增量峰值指本场直播某时间点的最高新增粉丝人数，峰值时间指最高新增粉丝人数出现的时间。

（二）涨粉数据

涨粉数据主要是本场涨粉指标，即本场直播新增粉丝人数及新增粉丝走势图，如图7-11所示。

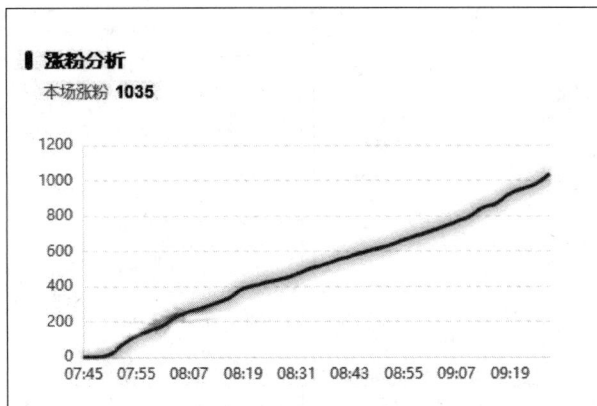

图7-11 涨粉数据

（三）在线流量数据

在线流量数据主要包括在线人数、进场人数、累计观看人次、人气峰值、平均停留时长等指标，如图7-12所示。

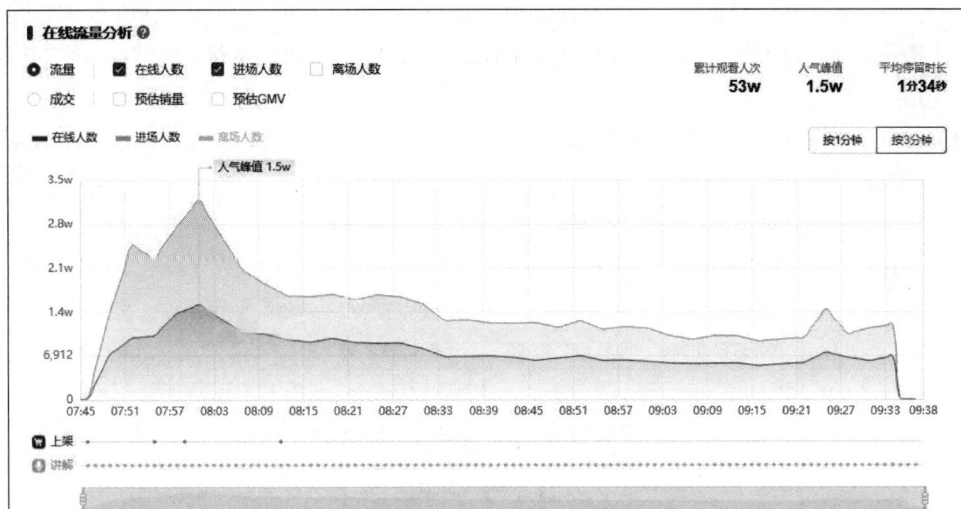

图7-12 在线流量数据

其中，在线人数指直播时用户同时在线数；进场人数指进入直播间的用户数；累计观看人次中的"人次"允许对同一人重复计算次数，即一个用户两次进入直播间，记作累计观看两人次，因此，直播间的累计观看人数一般低于累计观看人次；人气峰值指同时在线人数的峰值；平均停留时长指用户在直播间的平均停留时长。

三、互动数据指标

互动数据指标主要包括互动情况和弹幕热词。

（一）互动情况

互动情况包括点赞数和评论数等指标。图7-13所示为按累计统计点赞数和评论数，从中可以看出整场直播点赞数和评论数持续增长，观众比较活跃。

图 7-14 所示为按增量统计点赞数和评论数，从中可以看出点赞数和评论数的增量随着直播的进行起伏变化较大，这与讲解的产品、发布的营销活动及主播与观众的互动等有关。

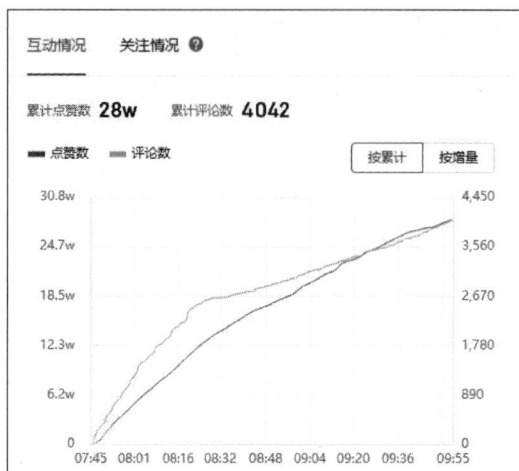

图7-13　按累计统计点赞数和评论数

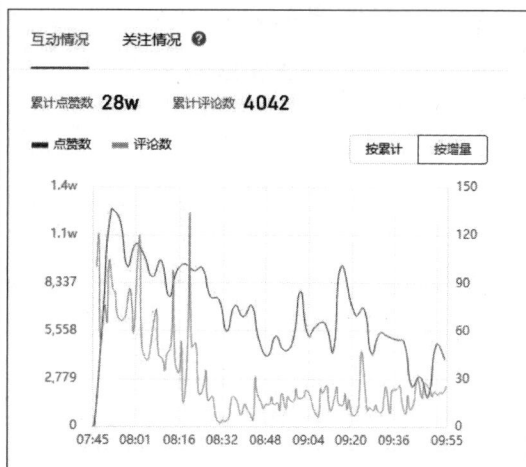

图7-14　按增量统计点赞数和评论数

（二）弹幕热词

直播间的弹幕热词指通过形成关键词云层或关键词渲染，对本场直播中出现频率较高的关键词进行视觉上的突出。在直播过程中，观众评论中出现次数最多的关键词会突出显示，反映在弹幕热词中。主播可以直观地看到观众互动中出现频率较高的关键词，并根据这些关键词在后续的直播中导入相关话题、设计话术或上架相关产品等。

弹幕热词包括弹幕总数、弹幕人数和互动率等指标，如图 7-15 所示。其中，互动率＝弹幕人数 ÷ 累计观看人数。

图7-15　弹幕热词

四、转化数据指标

转化数据指标主要包括引导转化数据和直播带货数据。

（一）引导转化数据

引导转化数据包括直播曝光量、累计观看人次、商品销量和成交转化率等指标。由图 7-16 所示的转化数据统计图可知，成交转化率＝（商品销量 / 累计观看人次）×100%。其中，商品销量是一个区间值，是蝉妈妈平台给出的预估值，统计整体转化率时以最低销量值计算。

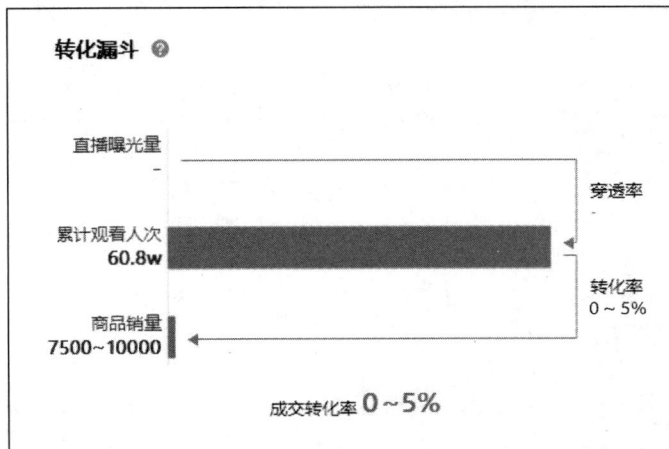

图7-16 转化数据统计图

（二）直播带货数据

直播带货数据包括本场销售额、销量、客单价、上架商品、带货转化率和 UV 价值等指标，如图 7-17 所示。带货转化率指直播间的整体转化率。UV 价值指观众人均价值，即平均每个进入直播间的用户产生的价值。UV 价值＝本场销售额 ÷ 独立访客数（UV）。独立访客即访问直播间的一位用户，用户多次进入直播间只被统计一次，独立访客数等于累计观看人数。要提高直播间的 UV 价值，应提高直播间的带货转化率（包括商品点击转化率和商品购买转化率）和客单价。

图7-17 直播带货数据

任务实施：直播间数据分析指标认知

任务背景

为了进一步提高山西黄河滩枣的市场影响力和销售额，"晋富农"电商公司计划进行一场专题直播促销活动。负责此次活动的李凌需要深入了解直播数据分析的各项指标，以便更好地评估直播效果，优化营销策略。请你协助李凌完成直播数据分析指标认知的任务，了解并明确关键的数据分析指标。

任务操作

认知直播数据分析指标，可参照如下步骤进行。

步骤1：监控直播过程

以某一场抖音直播为例，借助第三方数据分析工具蝉妈妈监控直播过程，如图 7-18 所示。

图7-18　借助蝉妈妈监控直播过程

　　蝉妈妈数据大屏是一种数据分析工具，可以帮助直播团队了解直播间的实时数据和趋势，如图7-19所示。李凌可以通过数据大屏实时监控该场直播的过程。

图7-19　蝉妈妈数据大屏

　　步骤2：了解核心指标

　　在蝉妈妈数据大屏中可以直观看到丰富的数据指标，具体如下。

　　（1）观众画像数据指标

　　性别。这是指观众男女比例，反映了目标受众的性别分布情况。例如，如果女性观众居多，可能要更注重化妆品的推广；如果男性观众居多，则可能要更注重电子产品的推广。

年龄。这是指观众的年龄分布，反映了目标受众的年龄层次。这有助于商家推出更符合某年龄阶段受众喜好和需求的产品和内容。

地域。这是指观众的地域分布信息，反映了观众的地区分布情况。这有助于商家制定地域性推广策略和优化物流配送策略，提高物流效率。

观众来源。这是指进入直播间观众的来源、渠道，反映了观众是如何找到并进入直播间的。这有助于商家优化流量获取策略，增加特定渠道的广告投放，增强观众黏性。

（2）转化数据指标

GMV。这是指直播间在一定时间内的成交总额。GMV是衡量直播间销售效果的关键指标。如果GMV较低，可以通过优化产品组合、提高主播的销售技巧、增加优惠活动等方式，提高观众的购买意愿和客单价。

商品总销量。这是指直播间内所有商品的总销量。商品总销量反映了直播间商品的受欢迎程度。如果商品总销量较低，可以分析商品的销售情况，调整商品策略，如优化产品组合、提高产品质量、调整价格等。

涨粉/粉丝团趋势。这是指直播间粉丝数量和粉丝团成员数量的变化趋势。涨粉/粉丝团趋势反映了直播间对观众的吸引力和粉丝的忠诚度。如果涨粉趋势不明显或粉丝团成员数量下降，可以通过提高直播质量、增加互动环节、优化观众体验等方式，吸引更多人关注并加入粉丝团。

（3）流量数据指标

累计观看人次。这是指直播间从开始直播到当前时间累计观看的人次总和。关注累计观看人次可以帮助主播和商家评估直播的吸引力和传播效果。如果累计观看人次较低，可能需要优化直播标题、封面图等，提高直播的曝光率。

实时观看人数。这是指当前正在观看直播的人数。实时观看人数反映了直播的实时热度和吸引力。如果实时观看人数下降，主播可以通过调整直播内容和互动方式等吸引更多观众。

观看趋势。这是指直播间观看人数的变化趋势。通过观看趋势，可以了解直播间的流量波动情况。如果观看人数呈现下降趋势，可以考虑调整直播时间、增加互动环节等方式，提高观众的留存率。

（4）互动数据指标

UV价值。这是指直播间每位观众的平均贡献值，反映了直播间观众的付费能力和质量。如果UV价值较低，可以通过提高产品质量、优化价格策略、增加观众黏性等方式，增强观众的付费意愿和付费能力。

平均停留时长。这是指直播间观众平均停留的时间长度。平均停留时长反映了直播间观众的黏性和参与度。如果平均停留时长较短，可以通过改进直播内容、增加互动环节、改善观众体验等方式，延长观众的停留时间。

通过深入了解和综合评估这些关键指标，李凌能够更全面地把握直播效果，从而优化直播策略，实现销售效果的提升并改善观众体验。

任务拓展

"生态瑰宝"是一家专注于生产、销售环保家居用品的电商公司，以提供安全、环保、高质量的家居用品而闻名。该公司致力于推动可持续生活方式，让消费者在日常生活中也能为环保作出贡献。

为了推广新推出的"竹制家居系列"产品，"生态瑰宝"决定举办一场名为"绿色家居，生活更美好"的直播活动。此次直播旨在向广大消费者展示其环保家居用品的独特魅力，提高公众对可持续生活方式的认识，并推动"竹制家居系列"产品的销售。为了确保直播活动能取得最佳效果，公司决定让小韩负责了解直播数据分析指标。

请同学们根据本任务所学内容，帮助小韩完成直播数据分析指标认知工作。

为了完成直播数据分析指标认知任务，请你根据所学知识，以某一场具体的直播为例，运用数据分析工具，帮助小韩初步了解直播数据分析指标的类型，并完成表 7-5。

表 7-5　直播数据分析

数据分析工具	直播间名称	直播时间	直播数据分析指标的类型

在了解直播数据分析指标类型的基础上，还需要对本场直播的各项核心数据指标有一个清晰的认识。请你根据所学知识，在上一步的基础上，帮助小韩进一步认知各项核心数据分析指标并记录相应的直播数据，完成表 7-6。

表 7-6　核心数据分析指标及直播数据

直播间名称	直播时间	核心数据分析指标	直播数据记录

职业视窗

确保数据信息安全，驱动直播行业高速发展

在数字时代的大潮中，直播行业以其即时性、互动性和多样性成为新媒体的重要组成部分。然而，随着行业的快速发展，如何确保直播内容的质量、提升观众体验并保障数据信息安全，成为运营人员需要面对和解决的重要课题。

直播数据分析为直播行业的高质量发展提供了有力支撑。通过对直播数据进行深入分析，运营人员可以更准确地了解观众的喜好和需求，从而优化直播内容，提升观众体验。同时，数据复盘还能帮助主播和平台发现直播中存在的问题和不足，为改进和提升直播效果提供数据支持。

然而，直播数据的重要性不仅体现在优化直播内容和提升观众体验上，它更体现在保障数据信息安全上。直播过程涉及大量的个人信息和数据，这些数据的安全性和隐私性直接关系到个人的权益和社会的稳定。因此，直播行业在利用数据进行复盘、分析的同时，必须高度重视数据信息安全，采取切实有效的措施，确保个人信息和数据不被泄露、滥用或遭受其他形式的侵害。

党的二十大报告强调，要坚持以人民为中心的发展思想，推动高质量发展。这为我们做好直播数据复盘和信息安全工作指明了方向。作为直播行业的一部分，运营人员不仅要追求经济效益，更要注重社会效益，将消费者的需求和权益放在首位。通过直播数据复盘，运营人员可以更好地了解消费者需求，提供更加精准、高质量的直播内容；同时，运营人员也要加强数据安全保护，确保消费者信息的安全和隐私保护，为直播行业的健康发展提供有力保障。

总之，直播数据是驱动直播行业高质量发展的关键因素之一。通过深入分析直播数据，运营人员可以优化直播内容、提升消费者体验，并保障数据信息安全。在未来的发展中，运营人员还要继续加强直播数据的应用和研究，推动直播行业实现更高质量、更可持续的发展，为广大消费者提供更加优质、安全的直播服务。

职业技能训练

一、单项选择题

1. 直播数据分析的第一步是（　　）。
   A. 获取直播数据　　　　　　　　　　B. 确定数据分析目标
   C. 处理直播数据　　　　　　　　　　D. 分析直播数据

2. 以下属于第三方数据采集工具的是（　　）。
   A. 淘宝直播中控台　　B. 抖音电商罗盘　　C. 蝉妈妈　　D. 生意参谋

3. 在处理直播数据时，首先应进行的是（　　）。
   A. 数据整合　　　　B. 数据清洗　　　　C. 数据转换　　　D. 数据分析

4. （　　）指标不属于观众画像数据指标。
   A. 观众年龄分布　　　　　　　　　　B. 观众性别比例
   C. 直播观看时长　　　　　　　　　　D. 观众地域分布

5. 直播数据分析中，用于评估直播营销效果的核心指标是（　　）。
   A. 转化数据指标　　　　　　　　　　B. 流量数据指标
   C. 观众画像数据指标　　　　　　　　D. 互动数据指标

二、多项选择题

1. 在直播数据分析中，（　　）属于流量数据指标。
   A. 观看人数　　　　B. 观众留存率　　　C. 流量来源　　　D. 观众活跃度

2. 直播数据分析的主要目的是（　　）。
   A. 了解观众行为　　　　　　　　　　B. 优化直播内容
   C. 提高直播效果　　　　　　　　　　D. 探索商业价值

3. 在直播数据分析中，（　　）可以反映直播间的互动情况。
   A. 点赞数　　　　　B. 评论数　　　　　C. 观看人数　　　D. 销售额

三、判断题

1. 直播数据分析只能用于评估直播效果，不能用于指导直播内容的制作和优化。（　　）

2. 在处理直播数据时，数据清洗是确保数据质量和准确性的重要步骤。（　　）

3. 直播数据分析中，互动数据指标比转化数据指标更重要，因为互动能提升观众体验。（　　）

学习成果评价

学生基本信息						
姓名		分组				
实训科目		实训指导教师				
类别	项目要求	分值	评分细则	自我评价	小组评价	教师评价
素养（30分）	获取直播数据时严格遵守相关的法律法规和伦理规范	15分	获取直播数据时未遵守相关的法律法规和伦理规范得0分			
	分析数据指标时，确保数据真实性与有效性	15分	数据指标分析时，未考虑数据真实性与有效性得0分			
核心技能（70分）	能够根据直播营销目的制定直播数据分析思路	35分	了解直播营销的目的得5分，制定恰当的直播数据分析思路得5～30分			
	能够结合直播数据分析工具，掌握直播数据分析指标的类型	35分	熟悉直播数据分析工具得5分，掌握直播数据分析指标的类型得5～30分			
合计		100分	—			
总分（加权平均分，自我评价20%，小组评价30%，教师评价50%）：						
组长签字		教师签字				

参考文献

1. 南京奥派信息产业股份公司. 直播电商职业技能等级标准 [S]. 2021.

2. 南京奥派信息产业股份公司. 直播电商运营 [M]. 北京: 高等教育出版社，2021.

3. 浙江省电子商务促进中心，浙江国际电子商务研究院. 电商直播实操教程 [M]. 杭州: 浙江科学技术出版社，2020.

4. 程兆兆，李兴国，彭柏华. 直播电商实务 [M]. 北京: 中国财富出版社，2023.